999112012504

3

mark

這個系列標記的是一些人、一些事件與活動。

mark 180
神明在看著呢：我的巫女日記
作者：洪承喜（홍칼리／Hong Kali）
譯者：賴姵瑜
責任編輯：張晁銘
封面設計：簡廷昇
內文排版：陳政佑
插畫：張起月
出版者：大塊文化出版股份有限公司
台北市 105022 南京東路四段 25 號 11 樓
www.locuspublishing.com
讀者服務專線：0800-006689
TEL：(02) 87123898　FAX：(02)87123897
郵撥帳號：18955675
戶名：大塊文化出版股份有限公司
法律顧問：董安丹律師、顧慕堯律師
版權所有　翻印必究

總經銷：大和書報圖書股份有限公司
地址：新北市新莊區五工五路 2 號
TEL：(02) 89902588　FAX：(02) 22901658

初版一刷：2023 年 2 月
定價：新台幣 350 元
ISBN：978-626-7206-67-6
Printed in Taiwan

神明在看著呢

신령님이 보고 계셔 홍칼리 무당 일기

我的巫女日記

洪承喜 著　홍칼리　Hong Kali

賴姵瑜 譯

前言：因爲想分享蛋糕

「是的，我是洪承喜。」

我坐在有深褐色天花板與黑色沙發的咖啡館裡，點了一杯美式咖啡。通勤時間高峰已過，咖啡館內冷冷清清，播放著輕柔的爵士樂。我坐在鬆軟的沙發，準備開始工作。iPad 電池充飽了，耳機用的是有線耳機，不必

擔心沒電。咖啡盛在預先備妥的保溫杯裡。一邊聞著美式咖啡的香味，一邊打開 iPad，戴上耳機，此時，客人傳來 Kakao Talk 訊息。今天是進行三十分鐘電話諮詢的日子。

從耳機端，聽到客人的聲音。今天的客人訴說著搬家的苦惱。好不容易找到了符合設定條件的房子，卻又被另一間房子吸引。他想知道能不能勉強一下，搬去吸引自己的地方。在搬家頻繁的春季，經常接到諸如此類的來電。我問了兩處的門牌號碼、方位，以及客人的生辰八字。然後開始占卜。在新冠疫情出現之前，我也時常這樣透過做電話諮詢。

巫女，早就成了可以居家工作的職業。

說到「巫女」，腦中往往浮現一種形象。穿著五顏六色的韓服，在繽紛華麗的神堂穿梭。銳利凶狠的目光，厲聲斥喝的口氣，還有彷彿把你整個人看穿的表情。

6

而我，人不在神堂，而是在咖啡館裡一邊啜飲美式咖啡，一邊占卜，身上也不是穿著五顏六色的韓服，而是舒適的原色棉褲。我的圓溜眼睛，別說目露兇光，看起來根本不像所謂的「潑婦」。比起厲聲斥喝，我更習慣使用敬語，由於口氣太過親切，常聽人說我像從事服務業的人。

我曾經很煩惱，如果前來的客人期待我會擺出知曉一切的「力量」，卻見到我不明對方底細的好奇眼神，或者想請對方講故事給我聽的模樣，究竟客人會怎麼想。我也曾經面對鏡子，盯著不管怎麼看起來「不像巫女」的我，佇足思考要不要改變自己。但現在，我知道那樣做就不是我，也不是只有那樣做才能顯出「巫女樣」。

巫女該是什麼模樣？巫女的形象究竟由誰塑造？電視上常看到與巫女、附身、神病（신병）、驅魔相關的靈異電視劇或電影。人們對這類形象既著迷又好奇。也許正因如此，在現實生活中遇見巫女時，猶如看到「魔法般的存在」，要不視之為「盲從迷信的人」而輕蔑以對。或崇拜，或鄙視，

7

這是任何存在經客體化後都可能呈現的雙重面貌。

「我成了巫女。」

成為巫女後，如果這樣告訴先前認識的人，往往得到類似的回應：

「唉，妳吃了多少苦……」「這條路很辛苦啊……」「看來發生了不少事……」同時露出憐憫的表情。我還是對那樣的表情感到不自在。雖然很多巫女在歷經悲劇事件後走向巫女之路，但成為巫女被認為是一件悲慘的事，實在很奇怪。

在成為巫女之前，我曾遇見一名比丘尼。尼僧總是面帶微笑，每回在她的身旁冥想時，都很喜歡隨她一起沉靜下來的感覺。有一天，我問尼僧：「師父為什麼成為比丘尼？」尼僧微笑答道：「我原本是平凡的上班族，從沒想過自己會成為宗教人士。有一天，我偶然待在寺院。冥想、打掃、做飯用餐的日常生活，讓我感到非常幸福。回歸平日生活後，我依然念念不忘。就像第一次嚐到香甜蛋糕的人一樣，想一直繼續吃那甜滋滋的

蛋糕，所以成爲比丘尼。」

聽完尼僧的故事，我陷入沉思。我也能找到這樣的蛋糕嗎？

成爲巫女之後，我才明白尼僧所說的話。不同於擔心我成爲巫女的想像，我是因爲幸福而當巫女。成爲巫女之後，最棒的一點是能爲某人真誠祈禱。我喜歡這份可以包容與淨化衆生的職業。白天溫暖地擁抱人們，夜晚安安靜靜地禱告，這樣的日常生活很幸福。

彷彿是想要繼續吃這塊甜滋滋的蛋糕，所以成爲巫女。

這塊蛋糕，我想與大家一起分享。

第 一 章

我成爲巫女！

現代巫女的工作方式

來找我的客人，大部分是以非面對面的方式占卜。很多客人問我：「不直接面對面，也可以算命嗎？」我回答：「當然！只要有近照和出生年月日就可以。不知道出生時間也沒關係。」

我是以同時性來算命。同時性，指的是某些事件帶有相似意涵，而且

同時發生。根據我的狀況不同，來訪客人的狀況也不同；隨著每日天氣不一，客人的面容也不一。根據我的身體狀態或所處情況，來訪客人的徵狀也會有所差別。在我和媽媽吵架的日子，來的客人煩惱著與母親的關係；無緣無故想起舊愛的時候，來的客人苦惱著與舊愛重逢。

有一天，從早我就因生理痛而腰疼。平日，我生理痛嚴重也不會腰疼，這時心想：「今天會是怎樣的客人來訪，才會這麼疼。」客人來了。在傳訊諮詢的過程中，客人說道：「從幾天前開始腰疼得厲害，所以正在停工休息。」我告訴客人：「腰不會平白疼痛。務必接受子宮或生殖器方面的健康檢查。」客人第二天前往接受檢查，發現子宮長瘤，隨即聯繫知會我，向我道謝。

客人一聯絡，我的腰痛就消失了。縱使身居兩地也能如此共享意義的瞬間，我稱之為同時性相通的瞬間。這就是為何即使沒有面對面，透過網路溝通也能與該人的靈魂相遇。

我每周五都會在 YouTube 頻道「洪承喜」(흥칼리 Kali Hongi) 上傳各個生肖的一周運勢。雖然參考了萬年曆和馬雅曆，但也連結到每周我感受到的日常片段。這是用神占 (신점) 看運勢。透過網路、YouTube 等演算法接觸到我的人，看了運勢後會留言說：「真的很準。」

占卜的行為，不僅僅是解占者一個人的事。客人發現了我，這個舉動就等於在占卜。在眾多可以做的事項之中，打開手機點入 YouTube，在 YouTube 的眾多頻道之中，進入我的頻道，偏偏在這個時間點看到一周運勢，此舉無異於算命。就像從多張塔羅牌中抽出一張般。沒有偶然。因為我知道，諸如此類的偶然片段並非毫無意義，所以我將今天感受到的真實解成運勢，分享到 YouTube 上。這樣，同時性相通的人就會來到我的頻道查看運勢。

每一天，我感受到奇蹟延續，感受到神奇的事反覆發生。看似乏味無

16

意義的日常片段，其實是透過同時性緊密連結的能量體。巫女，感覺像是訓練出敏銳感知力與覺察這種同時性的人。

神靈，與其說祂是人模人樣坐到身旁說話的存在，更貼切的形容為，祂是透過同時性，在每瞬間同步存在的能量作用。而我，則是敏銳覺察與傳達能量作用的人。水杯翻灑了、植物長出新芽、愛犬咖哩今天特別搖尾巴跟著我走的生活片段，對我來說都是訊息。就算是小事，看似微不足道也不放過，這是做這項工作得到的莫大喜悅。

正如佛諺「緣來不拒，緣走不留」一語，工作也是這樣。來者不拒，去者不留。反正時候到了自然相見，緣分盡了必然分離。接受採訪或上節目的提議，也是如此。不久前，收到上《失戀博物館》（실연박물관）電視節目的提議，我就去了。雖然在節目中露臉是有負擔的，但既然先有這樣的提議，就沒必要拒絕（難道這也是命運）。

節目播出後，影片上傳 YouTube，出現許多留言。「她是爲了宣傳而來的。」「現在連巫女也要好好做宣傳。」「上節目的巫女別考慮，她是假的。」諸如此類的留言，不是懷疑我來宣傳的，就是質疑我的存在，看了之後不禁陷入沉思。

我不想躲起來，也無意站出來，只是接受來找我的緣分與提議而已。身爲巫女，在現身過程中會受到款待或質疑。但也託節目之福，得以聯繫上美好的緣分。今後，無論是電視節目或 Podcast，我都會出去講我的故事。若是這樣的我令人不快，也沒有辦法。

以偶然面對來的命運式相遇，今日依然繼續。在今天、在此刻，這位客人預約成功，所以我們商談相見，這一切並非平白無故。每周一、四在 Instagram 連載的網路漫畫《巫女日記》，正是分享諸如此類的日常。還好有網路可以分享日常的、單純的喜悅，今日縱使不與客人會面，也能

深入地交流溝通。往後，我想繼續透過 YouTube 一周運勢、網路漫畫和現在寫著的文章分享這種喜悅。

今日天氣

「謝謝祢今天也給我這麼好的天氣。阿們。」

作爲母胎信仰，我從小就經常用這句話結束祈禱。新鮮看著每日變化萬千的天氣，覺得又感激又幸福。下雨天、打雷天、多雲天、烈日天、迷霧天……彷彿都帶著每日獨有的徵兆，傳遞訊息。

早上起床，我用命理學萬年曆和馬雅曆來看今日天氣，而不是參考天氣預報。今天是火旺的日子，今天是金旺的日子，今天是木旺的日子，今天是馬雅曆中通道打開，所以同時性變強的日子……每天的氣場都不一樣。如同天氣有陰雨晴一樣，我們的身心也存在類似的天氣。

同住家人曉姊問我。我答道：「今天是水旺的日子。」姊是蠟燭，所以今天可能會有點無力。」「哇，這樣啊。家人是巫女，真棒。」姊笑著說。

有時候，家人塵問道：「我今天是怎樣的一天？」「嗯……塵的金多，今天是土旺的日子，所以可能會想得多。最好做一些能夠減少思考的運動！」

有時候，水旺的宇宙問我：「我呢？」「嗯，宇宙水多，今天是火旺的日子，應該會有成果。今天是能夠完工的日子，請好好專心工作。」家人們聽完我的話，往往會盤點一日事項，排定計畫。

「好奇怪，今天心情異常低落，究竟是什麼日子？」

我的八字五行屬木。木多的我在水旺的日子狀態很好。反之，在金旺的日子裡，如果狀態管理不佳，身體很容易變得沉重而感到疲勞。由於水生木，水能促進木的生長，而金克木，金像斧頭一樣會砍木。所以在金旺的日子裡，我會管理好日程，盡量在家休息，不接訪客。我用這種方式，觀察每日身心的天氣，計畫好每一天。

不久前，我遇到朋友紅燭。「今天一直覺得又累又悶。為什麼會這樣？」紅燭是屬火的朋友，總散發著明朗的能量。比起過去或未來，滿滿能量的火多者更專注於現在，所以往往會爲見面的人帶來活力。

聽到這樣一位朋友說自己又累又悶，我攤開萬年曆，查看今日五行。

那是水非常旺的一天。「今天是水旺火滅的日子，所以可能會沒力氣。請好好管理今天的狀態。」「啊，原來如此！怪不得，才會異常無力。」紅燭笑著說，「原來今天是這樣的日子啊。」

當我說完今日天氣，許多客人和朋友都說同樣的話：「原來今天是這

樣的日子啊。」不是自己異常，也不是有什麼大問題，只是因爲今天是這樣的日子，聽見此話，人們才重展笑顏。看著這樣的笑容，我想著。今天是水旺的日子，我的狀態很好，所以是能夠與大家分享好氣色的日子。

我也查看了今日天氣。撰寫本文的今天是木旺火旺的日子。對於屬木的我來說，火兆意味著表達的徵兆。意卽這是寫作的好日子。所以我會坐在筆電前面寫作。我像收到禮物一樣懷抱每日賦予的天氣，編織出今日的意義。

謝謝祢今天也給我這麼好的天氣（阿們）。

我們的所在之處
就是跳神法會！

不久前，一群女作家來家裡玩。以不婚主題書寫散文的菊、燕、曉姊和我，四名女性圍坐聊天。聽到在沒能見面的這一年裡，我接受了降神儀式，菊和燕睜大眼睛問道：

菊　接受降神儀式之後，有什麼不一樣嗎？我很好奇！

承喜　嗯，沒什麼特殊變化。依然像往常一樣寫作、畫畫。要說不同之處的話，就是多了「巫女」的稱號？還有，找我諮詢的人更安心些。就像持有證照或學位證書一樣……（笑）在韓國的超自然界，巫女如同最神祕的存在。所以是真的走投無路，人們才會找巫女。

菊　原來如此。我每次去算命的時候，總聽人說很神奇，我的八字是要當巫女。

承喜　沒錯，菊不是說過從小就看得到鬼。妳也常常受到周圍空間氣場的影響。不過，巫女不單只有見鬼神、與靈溝通、算命的工作。從解恨化喜這一點來看，我認

為菊扮演了現代版巫女的角色。其實，我覺得這裡每個人都在做巫女的工作……燕不是在收集不婚女性的故事，上 Podcast 開講嗎？妳做的是藉由故事來介紹和化解女人的各種憾恨。菊也一樣，搖筆桿寫的是消解怨憤的文章。我認為我們是現代版的巫女。很多女作家都是這樣。傳達受到冷落疏離的故事，分享憾恨喜悅。

聽完我的話，燕笑著答道：「對。我在做 Podcast 時感受到，女性的憾恨特別多……很多女性傳來自己的故事。我們好像在創造一個場域，消解內在腐爛不堪的故事。」

提到「恨」，不知是否會聯想到遭冤枉殺害、女鬼漂泊在九泉之下哭吟的故事。不過，即使沒有人願意聽，也要傳出去的故事就是恨。巫女聆聽這些認為無關緊要、無足輕重之人的故事，為這些人消解怨恨，祈禱淨化。藉

跳神法會將怨恨化爲喜悅，以護身符或神物祈福。因此，燕傾聽人們的故事，再分享給大家，一起創造歡笑的場合，就算是在做巫女的工作了。

據說藝術家、藝人、巫女的八字是一樣的。把人們的故事唱入歌詞、公開表演的音樂人，化身他人飆演技的演員，也同樣扮演了與巫女類似的角色。他們都是擁抱消失的故事，幫忙解恨化喜的人。

聽完燕的話，反應快的菊說道：「我們的所在之處就是跳神法會啊！」

圍坐一起的我們，像降神者般咯咯大笑。

紋在身上的護身符

我也不是一開始就想當巫女。原本我從事藝術工作，我想從事能夠更直接談論死亡的職業、能夠探索死亡與死後世界的職業、能夠為所有人祈禱與行動的職業，我想穿著恰如其分的服裝修行。所以，我想成為宗教人士。

但，女人身可以選擇的宗教職業並不多。要成為牧師，必須是神學院畢業，女牧師遭歧視的情形也時有所聞。雖然也曾想過進入修女院，但似

平得隨時隨地保持純潔形象，於是也放棄當修女了。想成為巫女，但降神儀式的費用不貲，在韓國，成為印度教或伊斯蘭教聖職人員的路又太窄。

後來，我開始思考不妨修習佛教。在修行生活中，常常看到僧人以文字與繪畫，或自己想表達的方式與人溝通，我認為這樣可以盡情學習。如果修行必須與世隔絕數年，我覺得自己也做得到。正好當時剃了頭，遂決心就此進入寺院，開始修行生活。

「您好，我想出家，所以致電給您。」我清了清嗓子，打電話到修行所。

決定成為僧尼時，唯一掛念的是身上到處紋有刺青。雖然在泰國，有時僧人會直接幫人刺青，當作護身符；但在韓國，我不曾見過身上有刺青的僧人。而且，人們多半對於刺青的觀感不佳。雖然擔心修行所會不會接受我滿身刺青，但還是先打了電話。

「是，歡迎您。請先來洽談，就可以開始修行生活。」

僧人詳細介紹生活方式與成為僧侶的程序。師父的聲音很親切，所以可以安心聆聽說明。他說，結束兩年多的修行生活之後，可以自己選擇要去哪裡。我說我想進入寺院，一起過著共同體生活修行。聽完所有說明，道謝之後，我再問道：

承喜　我有刺青，那樣沒關係嗎？

僧人　刺青？嗯……（頓了一晌）在看得到的地方嗎？

承喜　手上有，胳臂上也有。身上到處都有。

僧人　在看得到的地方啊。那會妨礙到與群眾的會面。

承喜　與群眾的會面？

僧人　應該說，有刺青的話，看起來很世俗？同儕的觀感似乎也不好。

承喜　那該怎麼辦？

僧人　刺青應該可以消除嗎？

30

我痛下決心打了電話，結果還是徒勞。當時罹患躁鬱症的我，內心長期飽受煎熬。因為不想就這樣死去，為了活下去而想學習、想修行，所以才打了電話。不是由於刺青而當不成僧尼感到空虛，而是居然連修行之地也無法接受刺青。在道出萬物相生的宗教中，刺青的身體竟然會因為看起來世俗而遭到排擠。

放下電話，蹲在房間裡沉默了一會兒。刺青是紋在我身上的護身符，是與我的約定，也是珍貴的回憶。我覺得非得清除它們並不合理。這是制度宗教的限制嗎？就這樣，我放棄了成為僧尼。

不久後，有了出現去看跳神巫戲的機會。聽到閨密要成為巫女而將接受降神儀式的消息後，我飛奔趕去。村民連我，不到十人聚在神堂。舊式

承喜　非得將刺青消除嗎？

僧人　對，似乎得這麼做。

31

韓屋般的小神堂裡頭，備有豐盛祭食，散發香火與煎餅的氣味，牆壁掛著五顏六色韓服，巫女和僧人各自敲著鑼鼓高歌。

那時，我看到了和我同齡的年輕巫女蘇。蘇的耳後方紋有音符般的刺青。音符紋樣配合蘇演奏的鑼聲，彷彿隨之起舞。長鼓聲與鑼聲，貫穿全場，我的腦子裡也嗡嗡響。

法會開始，接受降神儀式的朋友，在神像前方行禮。磕頭半晌之後起身，原地上下跳了起來。節奏達到高潮時，持扇跑跳的朋友突然停止動作，扔掉扇子說道：「我做錯了什麼！我怎麼了！」朋友眉上的穿環閃閃發亮。

接著她痛哭流涕，我也跟著流下眼淚。持續超過半日的法會，直到他們汗流浹背之後才結束。

朋友蹦蹦跳跳，細數諸神的名號，她穿著神服，又哭又笑。就這樣，降神法會一一請來眾神，打打鬧鬧，再幫前來觀禮的人算命，最後結束。

這是確認神靈附體的時間。法會接近尾聲時，朋友為持五方旗來看法會的

人占卜。

五方旗是黃色的旗幟，巫師用以占卜的一種工具。白色屬金，代表西方、死亡、轉變；紅色屬火，代表南方、能量發散、接神（접신）。藍色屬木，代表東方、驅魔、新的開始；黑色屬水，代表北方、收斂狀態；黃色屬土，代表中央方位、維持（不過，按照算命者與情況之不同，有時也有不同的解釋）。

人們一一拔出五方旗時，朋友口中會吐出所聽見的神靈話語，亦即所謂的神託（공수）。輪到我了。我將抓到的旗幟用力拔出，紅色旗映在眼簾。蘇在身旁對我說：「神靈要我們一起玩耍，一起跳舞、敲長鼓！」聽了這句話，我笑了。最後，僧人誦唸眞言，結束法會（在韓國巫俗信仰的跳神法會上，僧人以這種方式參與的情形很常見）。

跳神儀式結束後，我走向蘇問道：「有刺青也能成爲巫女嗎？」「當然囉，我也是這樣啊！」聽到蘇的俏皮回答，我終於放心。無論身上有沒有刺青，能夠這樣自由、盡興玩耍，感覺這就是可以長久住下去的歸宿、猶

如回到接納自己的家。

選擇成為巫女，刺青的影響很大。若不是刺青，我應該會成為僧尼。

當然，並非所有巫女都有刺青，也有依然負面看待刺青的巫女。神師父最初也對滿身刺青的我發出微詞：「唉，承喜啊。妳什麼都好，但因為手上的刺青，神靈很難過。」我接受她的降神儀式，所以是所謂的「神女兒」。

主辦降神儀式的巫女，稱為「神母親」或「神師父」，接受降神儀式後成為新巫女的人，稱為「神女兒」（偶爾我也會喚她「母親」，不知為何感覺不順口，所以平時都叫她神師父）。「是嗎？我的神靈說沒關係耶！」我的回答讓神師父嘖嘖咂舌，之後就不再碎念了。

有一回，與神師父認識的道士見面。

「妳在手腕上畫畫啊。」

看著我手腕與胳臂上的刺青，髮鬚斑白的道士如此說道。我怕又聽到消除刺青的要求，戰戰兢兢等著下一句話。

34

「把留一輩子的畫紋在手上，可見深得神義。」

他的回答令人意外。我興奮地說：「是的，這畫是我的護身符。」道

士哈哈大笑，送了我一只寫上天符經（八十一字的大宗教經典）的扇子。意思

是，要像現在一樣繼續抱持著神義祈禱。我向道士道謝告別後回家。

我身上有很多刺青。肩胛上、雙臂、手肘、手腕、手、手指、頸下、

頸後、耳後、臉、腿、膝蓋上都有刺青。每道刺青的故事都不一樣。右臂

上刺的維京風方位圖是我的靈魂地圖。左手腕上的牛頭骨刺青仿刻夢中見

到的海螺圖案。左膝內側用針紋上十字架圖樣的刺青。左肩上紋有如盔甲

般的曼陀羅，右眼下方有針紋的三點刺青。三點意味著三神奶奶（삼신할

머니）[1]，以及象徵創造和生命的數字三。我把想記住的東西，像在書桌

上做筆記一樣，全都以圖畫紋在身上。

我的身體是我的神堂。我的神堂裡有許多幅畫。這裡紋著永不消退、

---

1 譯注：在韓國民間信仰中是掌管生育的神仙。

永不抹除的象徵。就像為客人製作蘊含獨特能量的護身符一樣，我也做護身符掛在神室。我佈滿畫的身體，本身就是護身符。客人有時還委託我設計護身符刺青。我會為客人設計圖案，融入所需擁有的能量，畫成一輩子珍藏的刺青護身符。

被歧視、被排擠的身體紛紛來找我。巫女非成神之人、非如君臨天下之人，而是站在神與神以外的一切之間，連被烙印的身體也會擁入懷中的存在。與形形色色的身體見面，今天心情也十分激動。是啊，我就是這樣才當巫女的。

36

遇見娜拉

在敲下修行所之門前，曾經已有引領我往他處的存在。飽受躁鬱症之苦的我，經常在夢中體驗死亡。醒著的時候，我也是半夢半醒，經常望著天空發楞。在半生半死之際，某件事的契機讓我見到了娜拉。

五年前，我接受墮胎手術。戀人說要準備研究所入學考試，然後就消

失無蹤。簡單明瞭的背叛。在與他同居的房間裡，我下體出血。頭痛如海浪般反覆來去。無法言喻的痛苦化為毒藥。我決定寫下來。在書寫這一切的過程中，痛苦變成言語。

我寫下自己在墮胎手術、性、懷孕、避孕、生育下被孤立的身體。之前說不出口的話，如連珠砲般吐出。墮胎手術與女性自慰等女性的性（sexuality）相關經驗，我也寫下來公開分享。我用真名寫下女性自身的性經歷，遭誤會、被烙印是可以想見的。不管誰說什麼都無所謂。沒錯，

我就是髒，又怎樣？

我想吶喊。

當時，首度在夢中遇見娜拉。在藍色系的洞穴音樂會場，我走到後台時，看到一個熟悉的人。她是娜拉，長長的白上衣從頭頂罩下來。我知道她的名字是娜拉，我也知道以前一起出門時，她曾被丈夫抓回去的情況。

娜拉也在看著我。她的身旁站著一個高大的男人。像是她的丈夫。我走近娜拉。

「妳好嗎？」

娜拉沒有回答。雖然想幫助娜拉，但沒有辦法幫助沉默不語的娜拉。

走出洞穴，看見一隻單腳綁上鐵鏈的小白狗。小狗在腳踝被綁住的情況下，在池塘裡游泳。人們說小狗太可愛了，同時露出滿載愛意的表情。我被那表情嚇醒。

夢與現實的界限，感覺很模糊。夢中見到的娜拉，彷彿是另一個我。分享了墮胎手術的見證文之後，我又數度遇見娜拉。夢裡，我在無窗的藍色房間內。一名穿貼身制服的女人和一名穿西裝的男子站著。旁邊有著人面的小白狗。臉是人，身體是小狗，她的名字叫「花子」，但我知道她是娜拉。

女人和男人暫時離開房間時，我用小狗話問娜拉，請她告訴我離開這

裡的路。娜拉點了點頭，打開小門，走向有著紅色螺旋形階梯的深處。從上面望，那是紅線團般的長階梯。白毛娜拉在前方，四腳走下樓梯。對於娜拉來說，似乎是一條熟悉的通道。我隨娜拉走下階梯，走啊走啊，一直看不到盡頭。

娜拉真的是在帶我出去嗎？她真的是娜拉嗎？還在下階梯，突然眼睛睜開。

夢消散之前，我寫下娜拉，用網路搜尋娜拉的名字。娜拉是出現在亨里克‧易卜生（Henrik Ibsen）劇作《玩偶之家》（Et dukkehjem）的女主角。她是愛跳舞、愛冒險的人，在作為母親或妻子的女人身分之前，她是想以娜拉身分生活的人。

娜拉告訴我出口在下方。那裡是死者和生者的交集之處。我想相信娜拉，引我走向那看似骯髒危險之處的娜拉。我決定跟隨娜拉，走到螺旋形

階梯的下端。娜拉會告訴我出口。

墮胎手術與戀人的背叛、社會疏離感與孤立感、肉體的痛苦……情緒瀕臨崩潰的我，開始學八字命理、周易和占星學。因為我覺得，用現有語言無法說明這樣一次鋪天蓋地襲來的痛苦。去算命時，以對女性和性少數者的偏見來解釋占卦的情形很常見，所以我選擇親自學習。在學習命理學的過程中，自然而然也對巫俗信仰產生興趣。

而且，我後來知道逼近自己而來的痛苦就是神病。神病，指的是巫俗信仰中將會成為降神巫女者所患之病。夜晚失眠、對一切感到憤怒或無力、社會疏離、經濟困頓、親密關係的背叛，乃至健康惡化。毫無預警的艱苦逼我走上絕路。

我決定去印度。夢中的娜拉似乎告訴我出口在印度。印度自古以來被稱為「西天西域國」而吸引著我。韓國巫俗信仰祖先鉢里公主（바리데기）[2]

2　編注：鉢里公主是韓國傳統神話故事，在本書第三章中有詳細介紹。

的故事中也出現西天西域國。鉢里去陰間尋找救命之藥，被形容爲陰間的那個地方，就是西天西域國，現在的印度。娜拉展示了死者和生者的交集之處，所以存在活人世界的陰間，不就是印度嗎？

「不管怎樣，
妳都得當巫女！」

在前往印度之前，認識的人向我介紹一位巫女。聽說她不抱偏見爲人占卜，所以我安心前往。巫女的神堂位於我居住的高陽市附近。由於正好在近處，就和姊姊同行了。下計程車後，我們尋找巫女的家，在高樓大廈之間蹣跚走著。建築物太巨大，不知道哪裡是入口，徘徊找了半天。好不容易找到入口，走進巫女的家，我感受到強烈的氣場。富人的氣場。

走進玄關，可以看到金色神像、大理石桌和皮革沙發。客廳的一側是全面落地玻璃，外頭的湖水盡收眼底。我心想，這個巫女好有錢啊。巫女也有階級之別。有的巫女在殘破不堪的家中點支蠟燭占卜，有的巫女像大型教會的牧師一樣，在「金碧輝煌」的神堂算命。

當時，我剃頭沒多久，頭髮還沒完全長出來，而且好幾天沒洗頭（沒有洗頭），所以戴了帽子就去。由於躁鬱症的緣故，雖然在精神科拿藥吃，但還是很難早上起床洗頭。看到一眼就知道好幾天沒梳洗又一臉病懨懨的我，不知道巫女會說什麼，心裡很緊張。

姊姊和我坐在客廳沙發，排隊等候。在等待的過程中，貌似巫女丈夫的人走來，遞給我們咖啡。我們一邊喝著，一邊環顧展場般寬敞的室內。先來的客人走了，現在輪到我們。在五間房間中，我們進入客廳左側的房間。一進房，就能從和客廳一樣的落地玻璃看到湖光，前面有大書桌和書櫃。巫女請我坐在椅子上，直勾勾盯著我看。

44

「請摘下帽子。算命時要脫帽。」

羞於沒有洗頭，我扭捏地脫下帽子。大概是我長得像草皮般的尖刺短髮嚇到巫女，她朝我望一眼，嘴裡咬了一支紅萬寶路菸。就這樣，諮詢開始。巫女向我說道：

巫女　最近很辛苦吧？

承喜　對。

巫女　妳得了神病。

承喜　的確有躁鬱症。

巫女　不管怎樣，妳都得當巫女，否則，本人和其他家人都會很辛苦。本人要懷著澈底終結這種困境的心情，接受降神儀式。

巫女一邊吐煙，一邊以斬釘截鐵的表情說道。雖然感覺到自己患神病，但才一開始諮詢就說非得接受降神儀式不可，我有點慌了。一方面，巫女似乎理解我的痛苦，我由衷感謝；但她還沒有聆聽我或姊姊訴苦，就斷言一切都會解決的態度，令人懷疑。接受降神儀式就能解決一切？我疲憊不堪，像快死了的心情也會消失嗎？這有可能嗎？

「本人會好好進行。請當巫女吧。我覺得接受降神儀式比較妥當，有什麼想法再和我說。我會好好幫妳。」

巫女說，成為自己的神弟子，就可以像自己一樣住好房子。除了這間房子，她樓下還有一間，她問我想不想過這樣的生活？我在想是不是巫女讀出我無家可歸的流浪生活。她不斷勸說我接受降神儀式，聽了連續兩小時之後，諮商結束。

歸途上，我的思緒複雜。非得接受降神儀式不可嗎？是不是太過跳

46

躍？這個人是騙子嗎？雖然出現百般懷疑，但當時我的心情是連根稻草都想抓住。討厭早晨睜開眼睛，只想結束毫無希望、毫無眷戀的生活。對於徒有陰影的我來說，巫女的話語，猶如投射而來的一道光芒。如果連這根稻草都沒有，似乎身體就會走向死亡。

再說，我從以前就開始學習周易，對塔羅與各種巫俗信仰都感興趣，所以並不排斥。另一方面，我也覺得朝這方面選擇職業很不錯。凡事沒有經歷過，永遠不會知道。只要接受降神儀式，一切都會解決，這句話一直縈繞腦海。苦思兩天，我打電話給巫女。

巫女　好。兩個月往返接受教育，然後訂下日子舉行降神儀式。我辦的降神儀式費用為二千五百萬韓元（約新台幣六十萬元），很便宜吧？

承喜　師父，我考慮過了，感覺接受降神儀式比較好。

啊？別說二千五百萬韓元，我現在連二十五萬韓元都捨不得。猶豫了一會兒，我問道：

承喜　我沒有那麼多錢，手頭上有困難，難道沒有其他辦法嗎？

巫女　通常這時候可以從周圍找到錢。那樣的話，接受降神儀式之後再慢慢還。

承喜　但是，我周圍的人經濟上也有困難……

巫女　那多考慮一下再聯絡我吧。

巫女原本說，沒有接受降神儀式會出大事，擺出會盡全力幫忙的積極姿態，但一聽到沒有錢，她就放下挽起的手臂。那樣的溫差令人心寒。巫女說話的態度，認為在人生的重要問題面前，金錢不是問題；但對我來說，金錢是問題。身為自由工作者，我沒有借貸資格，也沒辦法向人借錢。我確認過存摺餘額。帳戶裡只有二十萬加數千韓元。

原本由於刺青而無法成爲僧尼，現在的情況是沒錢而當不了巫女。對於因爲錢而當不了巫女的現實，內心百感交雜。不，這似乎意味著，沒錢的話，我日後只會繼續辛苦下去，身體感覺愈來愈冰冷。

初次的恍惚之境

沒辦法接受降神儀式的我，往後數年間在印度與韓國輪流生活。兩年前，我曾經待在西藏流亡政府所在的印度山村達蘭薩拉（Dharamsala）。半夢半醒，幾乎整天在睡覺，某天，醒來時看見一行字：「動動身體吧」。我起身出門散步。走著走著，看到一張「舞踏學園」的宣傳海報。舞

踏（Butoh）是始於日本的舞蹈，又稱為靈魂之舞。這是藝術家們在戰後化為廢墟的土地上起舞的身姿。彷彿在探問什麼是美的肢體動作與表情、沒有既定形式的舞蹈，我十分心動，想著一定要去舞踏學園看看。就這樣，我開始了在舞踏學園跳舞的生活。我很喜歡舞踏，就像風吹入破了洞的身體，身體會像船桅的帆布一樣飄起來。我就這樣跳著舞，度過每一天。

舞踏學園每周舉行一次公開表演。平日，學生們聚在學園裡跳舞。有一天，我在學園彩排。綠色與紅色燈光照射的大廳裡，演奏著動物聲、風聲、鐵聲、水聲。我彎曲膝蓋，匍匐到舞臺上開始跳舞。一如往常，我讓身體放鬆，順著肢體動作起舞。然而，隨音樂達到高潮，發生了奇怪的事。身體突然任意彎折搖晃。跳舞的空間裡，除了我之外，看不到其他人，演奏聲就像在空蕩蕩之處流淌的獨白。

我張著嘴，眼淚直流。我感受到深深的哀傷。跳著跳著，我側躺在地上哭泣。這時候，我被推到空間後方，已記不得自己是誰。彷彿再走一步，

我就會消亡湮滅。腳不著地的感覺，令人暈眩。這是迷離（trance）狀態，意指像催眠一樣，一半在陰間，一半在陽間的精神異常狀態。

我做出異常舉動後，一起跳舞的同伴立刻攏過來。韓國來的同伴葡萄問我還好嗎，並且扶我起來。我暈頭轉向，什麼話也說不出來。葡萄與我，彼此經常討論薩滿教，察覺到我的狀態，葡萄請人拿鈴鐺來。很快有人拿來鈴鐺，葡萄在我耳邊搖鈴鐺。「噹啷噹啷」響起清脆的鈴鐺聲。一聽見鈴鐺聲，我的周圍有如霧散去變得清朗，感覺能夠找到返回的路。葡萄將鈴鐺遞到我的手中，我用僅存的力氣握住鈴鐺，「噹啷噹啷」搖著。響亮的鈴鐺聲，將我瀕臨消亡的精神引回此處。我搖著鈴鐺，從原地站起來，開始蹦蹦跳跳。

蹦蹦跳跳一陣子後，我佇足站立，口中吐出老爺爺的聲音：「喂，你們這些傢伙！」我自己也嚇一跳。「不是要你們好好相處！到底要吵到什麼

時候！」放聲疾呼裡夾雜憾恨與憤懣，接著又回到原位上下蹦蹦跳。那位爺爺是大將軍桓雄。後來老奶奶出來了。老奶奶也用同樣的話大聲訓斥：「不是說過要好好相處。你們這些傢伙，別再吵了！」分貝與我平時說話的音量不一樣。教室震耳欲聾。

即使大喊大叫，憤懣依然不止。「啊！」我高聲吶喊，原本在其他樓層的學生也鬧哄哄地聚到我的周圍。靦腆的我大聲吆喝，再次蹦蹦跳跳。

突然，我停下來，環顧周圍的人。除了葡萄以外，人們不明白是什麼情況，全都一臉茫然地看著我。有人看到我的眼睛，驚嚇地撇過頭去（可能認爲我瘋了或遭惡靈蠱惑）。也有人用溫暖的眼神望著。

葡萄一邊祈禱，一邊守在我的身旁。突然咿咿呀呀的童女出現。我向避開我視線的人說道：「我沒有瘋。別誤會。不要走。」懂韓語的葡萄向其他人說明，這是韓國薩滿接神時說的話語，現在承喜好像在做薩滿儀式。我一屁股跌坐在地上。很難就這樣回家，同伴們爲我鋪了地墊。我緊緊握住去到哪裡都一直提著的手杖向爺爺祈禱：「請幫幫我。請抓住我。」

53

葡萄說要聯絡自己認識的巫女，她人在韓國，於是用 Kakao Talk 與她視訊通話。從手機畫面，我看到巫女的臉，巫女身後還有一隻颯氣十足的老虎。當時巫女的臉扮成長著鬼怪般的兇神。巫女臉上呈現的鬼怪，正是巫女侍奉的神靈蚩尤天王。

她就是成爲我的神師父的巫女。「哎喲，帶了那麼多去，還去了那麼遠。」巫女看著我的臉說道，撲簌簌流下眼淚。正要說話的瞬間，視訊通話咯嚓斷線。我一把抓住葡萄，問道：

承喜　這位是誰？

葡萄　我認識的巫女，她在韓國舞蹈節上跳大神，所以認識的。她人真的是很好。我告訴妳聯絡方式，以後再聯繫吧。

承喜　我為什麼會這樣？

葡萄　就是啊。在印度跳日本舞，突然做起韓國薩滿儀式的

54

情形，我還是頭一次見到。（笑）

我也啞然失笑。人們紛紛回家。三名一起跳舞的同伴留下來陪我。我們圍坐一圈，削芒果和木瓜吃，然後蓋毯子臥著。漆黑的學園天花板上，我看到格紋、漩渦、蓮花、鳥形等幾何圖樣。爲了不要失神昏去，我唸咒、祈禱，同時整晚將手杖拿在手裡。美國來的同伴雷普利，凌晨一直在身旁握著我的手。憑靠朋友的手和手杖，我才得以平安度過漫漫暗夜。烏鴉嘎嘎叫著。

不知不覺間，藍色日光從學園的窗戶透進來，我能夠起身了。現在是早晨。我去洗手間拉了一大坨屎。撲向燈光的飛蛾，掉落在洗手間的地板四周。昨天發生了什麼事？雖然什麼也沒整理，還是得先回宿舍。那一天，陽光和煦。我拄著手杖，穿越學園野地，翻過山嶺，走向宿舍。然後，彷彿被什麼吸引似的，走進服飾店，買了一件類似改良式韓服的白色衣裳

55

來穿。回到家，我不抹肥皂只用溫水洗澡，擦乾身上的水氣，穿上新買的白色衣裳，前往參加預定的表演。跳舞時，與前一天不同，手臂與手都柔軟彎曲。微風撫遍全身。尖叫般的肢體消失，出現的是圓順撫觸天地的身體動作。懷著愉悅心情，我向大家做了祝福的手勢與手印，結束表演。我以祈禱的心情跳舞，內心變得輕鬆愉快。如果說前一天跳舞時是處於變換靈魂意識的迷離狀態，此刻跳舞所經歷的，則是與萬物合一的恍惚之境

（ecstasy）。

接受降神儀式

那天之後，似乎還繼續做夢。走在路上，我會看見某人屁股上的尾巴、某人肩膀上的煙圈。每次入睡與醒來時，都會看到一群黑髮人。感覺十分錯亂。但恐懼之餘，我同樣也充滿好奇。飛快掠過、趨前走來的這些存在，究竟爲何。我想細細窺看。我想我得見見葡萄介紹的巫女，於是打視訊電話給她。

「師父，您好，上次真的很感謝您……」

正要說話的時候，巫女看到我，放聲哭了起來。我也跟著流下眼淚。

我們一起痛哭。

承喜　太辛苦了。因為太辛苦，所以來到這裡。

巫女　怎麼跑那麼遠。什麼時候回來韓國？

承喜　現在要回去了。

巫女　好，快來。得一起去雞龍山。

承喜　是。到韓國再聯絡您。謝謝師父。

回到韓國，我去找師父。神師父非但沒有向我討降神儀式需要的錢，反而溫暖擁抱了一無所有又不知何時會回去印度的我。看到師父的臉，我又流下眼淚。當時，我心想，原來巫女是對他人的痛苦有敏銳感受的人。一邊吃著師父做好的熱騰騰餐飯，同時我們相視對望很長一段時間。

後來神師父說，十年前女兒病重時，她得知丈夫外遇，大受衝擊而暈倒在地。當時，她不自覺地喊著神的名號醒來，從此成爲主要侍奉該神的巫女，她說著說著笑了。這讓我想起在墮胎手術後，戀人單方面銷聲匿跡，而我獨自下體出血、尖叫、哭泣的時刻。那時候我也覺得，神靈與我在一起。也就是說，這是許多女人的模樣。

神師父遞給我白色布襪和淺紫色韓服裙。我穿上韓服，進入紫色神堂，奉上玉水[3]，向神靈行禮。

第二天，我依約與神師父一起上雞龍山。這是爲了進行降神儀式。首先，去龍王神所在的瀑布祈禱。看著夜空中的星星，我也向七星神致意。天空中湯勺形的北斗七星，看起來很親切。抵達祈禱場有來自淸州的巫女和來自蔚山的道士。一抵祈禱場，神師父要我指出吸引我的地方。我指向離山最近的彌勒山神閣。

3 譯注：玉水（옥수）是供奉神靈的淸水，屬必備祭品之一。

進入彌勒山神閣，開始跳大神。那是滿月升起的夜晚。奉上洗淨的水果，點上蠟燭。巫女與道士敲鑼打鼓。神師父反覆裹上又解開我身上的白布。這是消除祖先神靈憾恨的過程。咚咚鼓聲震天價響，就是在印度跳舞時的感覺。我的身體任意亂動，蹦蹦跳跳又翻來翻去。跳神跳倦了，我向外爬出去，看見黑色的金龜子。

再次回到室內，敲了鼓後，我又轉圈，蹦蹦跳跳起來。神師父在旁邊問誰來了，我一一說出神靈的名號：三神奶奶（삼신할머니）[4]、桓因（환인님）、桓雄（환웅님）、檀君（단군님）[5]、七星神（칠성신）[6]、彌勒山神（미륵 산신）[7]、龍王大神（용왕 대신）[8]、大神奶奶（대신 할머니）[9]、仙女來了。其中還有耶穌，基督教是母胎信仰的我，覺得耶穌出現在跳神法會太有趣了，不禁噗哧笑了出來。神師父說地神的聲音是鑼，天神的聲音是鼓，依次敲鑼打鼓。祖上神（조상신）[10]、童子與童女（동자와 동녀）[11]、

敲鑼時，我蹦蹦跳，打鼓時，我也蹦蹦跳。

跳了一陣子，停下佇立時，眼淚嘩啦嘩啦流出來。我癱坐在位子上，號啕大哭，又拭去眼淚。這是安心的眼淚。原來我活到這一步了啊。不知過了多久。我伸伸腰，睜大眼睛。身上的每個毛細孔都有熱氣與寒氣輪番襲來。

此刻，傳來《修德寺的女僧》[12]。「我忘不了原本棄絕於紅塵的心上

4　譯注：三神奶奶掌管姻緣和分娩。

5　譯注：韓民族神話中，檀君是古朝鮮的開國君主，他的父親桓雄是天帝桓因的庶子。桓因、桓雄、檀君三者皆成爲韓國民間信仰的神祇。

6　譯注：七星神掌管延年益壽、心想事成、子女成長、安和太平和孩子壽命。

7　譯注：彌勒山神結合了韓國的彌勒淨土信仰和山神信仰。

8　譯注：龍王大神掌管家庭平安、家人無病長壽、莊稼和捕撈豐收、航海安全。

9　譯注：大神奶奶是巫女死後化身之神祇。

10　譯注：祖上神指已逝祖先的神靈。

11　譯注：童子與童女是年紀小的鬼魂。

12　譯注：《修德寺的女僧》（수덕사의 여승）是一九六五年由宋瑃禧演唱的一首流行金曲，歌詞是以日據朝鮮時期曾引領新女性運動、自由戀愛論，後來皈依佛門出家的女詩人金一葉（김일엽）爲原型。巧合的是，金一葉曾在一九二二年發表社論《娜拉》，視易卜生《玩偶之家》中的主人公娜拉爲獨立於家庭和男人、不受規則和慣例約束的個體，主張在朝鮮社會出現的娜拉新女性是「讓人從沉睡中醒來、明確認識自我意識的晨光」。

人……」曲調一出，眼淚再度撲簌簌流下。我身體顫抖。一名眼淚不止的女子，進來繼續哭泣。哭了一會兒，她挺直腰板，開始沉穩調息。

這時候，神師父走過來向我說：

「現在起，重新開始。妳是天神的弟子。要引以為豪，好好生活。」

神師父輕輕拍我的背，我向她微笑。就這樣，跳神儀式結束。

整理好神堂後，我不抹肥皂只用溫水洗澡。為了一邊看滿月，一邊跳舞，我走出去，路上看到一隻手掌大的蟾蜍。我坐在蟾蜍旁，望著滿月祈禱。那是對一切都感激的靜謐夜晚。

趴伏在月亮所在之側。表面坑坑窪窪的土色蟾蜍，

進入祈禱場宿舍後，我向同在的神師父、清州巫女和蔚山道士致謝行禮。神師父對我說：「妳只要秉善而活。這就是巫女。」我回答：「好的，我會持布施之心活下去。」我們側臥對視，聊著神靈、聊著巫女，就睡著了。

我遇見的鬼

笑鬼

鬼也有表情，而且表情豐富多樣。有的鬼面無表情，有的鬼在哭，有的鬼在笑。在我遇見的鬼之中，印象最深刻的鬼是笑鬼。

第一次見到鬼是十六歲的時候。從上午開始，身體就不舒服，在學校還硬撐著，一回到家，我直接躺到床上。當時是晚上八點左右。隱隱約約感覺房間角落有什麼東西，一查看，一名紮著雙馬尾的女孩蜷縮在床底下，我慢慢起身又躺下，這時，她迅速爬向我。

孩子爬到我身上，看著我清清楚楚說道：「別看這個。別看這個，知道了吧？」滑稽笑著的女孩表情嚇我一跳。雖然希望這是一場夢而掙扎著，但這不是夢。

鬼的表情不是有求於我，而只是像開玩笑般玩弄我，令

63

人害怕。

有人說，在鬼之中，笑鬼最可怕。因為它不是真的心有所願，也不是想訴苦。通常，鬼安撫好就會走，但笑鬼安撫也行不通。由於語言不通，笑鬼也不容易送走。

自從遇見笑鬼之後，看得到的就多了。我可以感受到一閃而過的煙氣、烈焰熊熊的形體、透明霧狀的某物。我憑直覺就知道那東西是鬼。

不知道自己已死的鬼

有的鬼不知道自己死了。行為舉止依然與生前一樣，闊步走在街上、在原本居住的家中煮飯洗衣。

我曾經住在麻浦大橋下的半地下室裡。那房子有許多以前住過

64

的人的痕跡。每個邊角都貼有避免碰撞受傷的保護條，房間各處設有移動時可以輔助使用的把手。雖然是又小又潮溼的獨立套房，但可以感受到有人精心佈置與生活的痕跡。

在那裡，每次都遇到相同的靈魂。身穿黑色 T 恤、破舊灰褲，頭戴警衛帽的老爺爺。老爺爺像進出自己的房間一樣。有時候，老爺爺站在廚房一角，哼歌做飯。有時候，他還會若無其事地走進洗手間再出來。對他來說，我像鬼一樣，絲毫不把我放在眼裡。似乎他沒有意識到我，完全沉浸在自己的生活。

老爺爺走起路來一跛一跛。他是否在這裡住了很久？所以這裡才有很多邊角護條和輔助把手？後來習慣了，還會想著老爺爺今天來不來。雖然曾想與老爺爺搭話，但他又不是活著的人，不知道搭話要做啥，所以就不了了之。

房屋租約到期，我離開那房子時，從房東那裡聽到他的故事。

老爺爺原本在附近大樓擔任門衛，後來獨自死在這間房子裡。我懷著向老爺爺告別的心情，把邊角護條和輔助把手都擦拭乾淨。老爺爺，今天也會在房子裡做飯嗎？

活著的鬼

不是只有死人才會變成鬼。有時候，活著的人也會以鬼的樣貌出現。有一天，我與朋友一起冥想。房子窗戶敞開，我迎著風，與朋友併肩而坐，安靜冥想。突然，我想散步，就從位子起身。「我出去一下就回來。」朋友回答：「嗯。」朋友留在家裡，我獨自出門。當時我們所在的家位於十三樓，但電梯停在十三樓就不動了。過一會兒，電梯門又打開。電梯門前站著說要在家的朋友。我向朋友問道：「你做什麼？要一起出去嗎？」朋友一言不發，面無表情

站著。「不搭電梯嗎？」我問道。就在此刻。朋友突然像透明人一樣從眼前消失。就像電影情節，人就地消失。是我看錯了嗎？我嚇一大跳，重新打開關上的電梯門。這時候，朋友又站在原位上。「搞什麼，你真奇怪。」我捂著怦怦跳的心臟，關上電梯門。

散步回來一看，朋友依然坐著冥想，姿勢不變。我問朋友：「剛才為什麼跑出來，嚇我一大跳。」朋友看著我說道：「妳說什麼？我一直都待在家裡啊。」我嚇得癱坐原地，渾身起雞皮疙瘩。雖然那是接受降神儀式之後的事，但現在回想還是很可怕。

巫女有時也怕鬼。那個存在是我的朋友，還是鬼？是朋友太投入冥想，乃至於靈魂出竅，還是鬼在模仿我的朋友？直到如今，我還是摸不著頭緒。

躲起來的鬼

有時，鬼會躲在客人的臉後來找我。通常，這些有話要說、有話想聽的鬼先躲起來，看到我之後，再請我代為傳話。我一邊聽客人的故事，一邊察覺客人背後的鬼，安慰他們。

有一次，客人來找我。客人來之前，我就身體發冷。與客人見面時，我嚇了一跳。客人的臉只有一個，但看起來兩個臉疊在一起。樣子是客人之外，還有另一存在。我直覺認為那是鬼。我問客人：「您是一個人來的嗎？」客人兩眼圓睜問道：「什麼？」意思說，明明看到我一個人來，為什麼那樣問。這時候，看起來與客人重疊的另一張臉，立刻躲到後面。我一邊祈禱，一邊占卜。「別躲起來，出來吧。我不會傷害你。」

接下來，躲在客人後面的鬼魂眞實身分揭曉。客人說道，他的摯友去世之後，數年來一直飽受憂鬱症的折磨，內心非常鬱悶，所以來找我。原本離開客人身邊的老朋友，現在依附著客人，魂魄只能在九泉遊蕩。我對客人說：「朋友來了，他在這裡，有什麼想說的就說吧。」他嚇一大跳，說出想對朋友說的話。客人從眼裡流下眼淚，看似與眼淚交疊的朋友的臉也漸漸消失。諮詢結束後，我一邊燒香，一邊打開窗戶說道：「現在別躲起來，像雲一樣自由飛翔吧。去哪裡都好。」

哭鬼

來找我的鬼，大部分是女性。小時候遭受性暴力、意外懷孕而被拋棄、遭丈夫用掃把打到死、很久以前被視爲魔女而被燒死的女

69

性。她們沒有手，所以無法書寫，她們沒有腳，所以無法任意外出。

我配合他們的腳步行動，當他們的手寫作。

當時，我在祕魯。有一天，在廚房一側看見一名獨眼女子。從那一隻眼，她潸然淚下，望著我看。我嚇了一跳，僵在原地。雖然希望是夢，但對我來說，這不是夢。然後，她的切身經歷像電影跑馬燈一樣閃過。她是被丈夫用掃帚打死的。

遇見她後，我像被什麼蠱惑一樣，光著腳跑出去，徒步走到祕魯利馬聖克里斯托瓦爾山丘（Cerro San Cristóbal）的一處貧民區。這是在巨大土山周圍密密麻麻建起房屋的村莊。走在那裡的路上，我被許多女性附身（現在回想是附身，但當時覺得所有存在都是我）。我嘴裡不停發出陌生女子的聲音。路過看某人一眼，就會被她附身，發出聲音。時而以小女孩的聲音苦苦哀求，時而以老奶奶的聲音呵斥。「哥哥當時為什麼那樣？」「你這傢伙，知道那時候我有多痛嗎？」

70

當時我哭哭啼啼，在路上引起騷亂，最後遭人舉報，被警察抓去拘留所。在前往拘留所的路上，我從窗戶映射看見自己的模樣。整天未梳洗的臉，亂如麻的頭髮，赤腳而變得烏漆麻黑的腳底。我的樣子正是小時候害怕的那種女人，不折不扣的鬼樣子。

被關起來的期間，我祈禱。因為太多靈魂在我身上進進出出。出了拘留所，我在附近的餐廳吃飯。吃著熱騰騰的玉米湯，在我身上進出的一票靈魂也得到安慰。然後，我平安無事地回到家。首先，把黑黑髒髒的腳丫洗乾淨，手也擦乾淨。來到我身邊的這些人，明明是擁有陌生面孔與聲音的異國人，但他們的委屈觸動了我。當時，我感覺到他們實屬另一國度。為他們解開憾恨時，我的恨也煙消雲散，感到身心都充分放鬆。

在祕魯歷經附身之後，我下定決心，不管是死人還是活人，我

日常生活中的鬼

小時候我很膽小。我特別怕像蟑螂一樣的多足昆蟲、無人空屋、黝黑暗夜。其中最怕的是鬼。連續劇《傳說的故鄉》（전설의 고향）裡頭「處女鬼」的臉，每天晚上都浮現腦海。睡前躺下時，在路燈的光線下，樹枝在牆上映成影子。那影子，看起來像是披頭散髮的女人。此時，我都會把臉埋在媽媽懷裡，聽著安眠曲勉強入睡。

遇見好幾個鬼之後，我漸漸不怕鬼了。鬼是蒙冤而無法拋下對生命的眷戀，只能在九泉漂泊的存在。因為仍有事情懸而未決，所以無法離開。它們希望有人能為自己化解冤屈，聽自己說話。知道

都會留有小小的餘地同理他們的痛苦。為了此時此刻得不到同理而被排擠的存在，我會把自己的所見所感一一寫下來。

72

這一點後，我對它們的故事感到好奇，甚於覺得它們可怕。究竟它沒辦法化解什麼樣的憾恨呢？

鬼比我們想像的更貼近日常。不僅人，器物與動物也附有鬼魂。

據說鬼怪附在掃帚上，到了晚上就變成害人的鬼。不只掃帚，萬物都蘊藏著靈魂，連看似沒有生命的器物也住著靈魂。因此，必須好好打掃家裡的每個角落，灰塵積得多的地方，得定期淨化與整理。

日常生活中共處的各種鬼，我稱之爲客人。實際上，也人有說客人（손님）的「손」的意思是鬼。自古以來，我們的祖先都將鬼視爲訪客，努力與它們共存。例如，在屋簷掛上辣椒、把掃帚立放在大門旁、在院子角落放上白米飯。巫女的工作，不是只想著趕走如空氣一般存在的這些鬼，還要思考與實踐如何和平共存。

現在，比起鬼、多足昆蟲、夜晚，活著的人更可怕。傷害他人的人、得意自誇的人、人生勝利組、振振有詞說沒有歧視的人、隨意快口評判他人的人，我都怕。俗話說，人最可怕，這是真的。

第 二 章

儘管如此，我依然是我

巫女不能叫巫女……

在寵物愛好者之間，我的綽號是「Glesha」。拆解開有全球薩滿（Global Shaman）的意思，也有寫作薩滿（글 쓰는 샤먼）的意思。用巫女（무당，韓文漢字為巫堂）一詞，不知為何聽起來特別俗氣，但用薩滿一詞，似乎覆上神祕又幹練的形象。所以曾有一段時間，我以薩滿自稱。

「您好，我是從事薩滿藝術的洪承喜。」

在海外生活時，我介紹自己是薩滿，而非巫女。「你好，我是來自韓國的薩滿。」這時，人們的反應都覺得好酷。「哇，真棒！」但回到韓國，我用薩滿的韓文「巫女」自述時，人們的反應迥然不同。帶著懷疑的眼神，嘲諷那不是迷信嗎。看到這樣的反應，我很納悶為什麼聽到薩滿會覺得很酷，而巫女卻成了貶低的對象。

我正在經營 YouTube 頻道「洪承喜」（홍칼리 Kali Hong）。該頻道會上傳一周運勢和新年運勢，也會分享因為各種事由前來的諮商影片，還有巫女日常生活的 Vlog。頻道最忠實的訂閱者，大概是爸爸吧。爸爸很積極地監看我的影片觀看次數、什麼內容受歡迎、以後上傳什麼好，進而提供建議。

有一天，爸爸傳來訊息。「承喜啊，這次影片中提到巫女。什麼都好，但別叫巫女。妳應該說薩滿，而不是巫女。就像西方所謂的精靈（elf），

用類似的形象比較好。」

我對爸爸說：「你是說用英文薩滿來稱呼巫女？」薩滿或巫女是一樣的詞，聽到爸爸說要改變用語，我不禁呵呵大笑。真奇怪，為什麼不能叫巫女，而必須稱薩滿？或是精靈……？（精靈的概念是不一樣的吧？）爸爸回答：「因為巫女感覺像是迷信，無法取信於人。」

有些人尊稱巫女為萬神（만신님）、菩薩（보살님）。巫女一詞，反而成為貶義詞。為什麼呢？薩滿轉換成韓文，就是巫女。薩滿的詞源是「知者」，知曉一切的人。巫女的詞源是「問者」。以詞彙來看，處於看透一切地位的薩滿固然好，但擁有問者意涵的巫女也很好。

為何韓國巫女帶有問者的意涵呢？「巫女」給人對答如流的印象，更勝於打聽探問的模樣。不過，在客人來訪時，巫女問客人、問神靈、問自己，意思不就是如此實踐的人？

不久前，一位從事巫女工作兩年後引退的朋友問我。

朋友　承喜為什麼認為自己是巫女？

承喜　嗯……因為接受降神儀式之後，正在從事算命工作嗎？其實，我認為，巫女是我穿上的角色之一。如果想想為何成為巫女……對我來說，打破偏見是很有趣的。我好像是為了揭露巫女衣裳上沾染的偏見而成為巫女。

正如我向朋友說的，巫女是我扮演的角色之一。我是巫女，但不只是巫女。我也是寫作、畫畫、舞蹈樣樣來的人。我是做料理的人，也是愛狗的人。因為關心遭到社會冷落的故事，我一直從事揭露這些故事的工作。

接受降神儀式之前，如果自我介紹說我是「寫作又畫畫的人」，人們會說：「這究竟是從事什麼樣的工作……？」並且露出一臉懵懂。不過，

一加上「巫女」這個修飾語，反應就變得不一樣。困惑的表情消失，倒露出一臉尷尬，小心翼翼地開口說道：「啊，原來如此。我完全不知道。」

接著說：「您說話好溫柔，不像巫女。」「您長得不像巫女。」「看來您的經歷與外表很不一樣。」「雖然我不相信這些⋯⋯」

成為巫女之前與之後，我聽到的話語如此不同。為何有這樣的變化呢？我認為，藝術家和巫女的職業並無區別，兩者皆是表現憾恨喜悅的職業。畫符與人分享、以舞散播喜悅、用言語文字溝通、為受壓迫的疏離存在解恨，巫女是這樣的人。

社會氛圍只關注巫女的預知力、超能力，但其實從很久以前，巫女就是以跳神祭為共同體存在消解憾恨、分享喜悅的文化企畫者。我喜愛的已故巫女金錦花（김금화）[13] 師父曾經這樣說過：「跳神祭是門綜合藝術。我喜愛的已故巫女金錦花（김금화）[13] 師父曾經這樣說過：「跳神祭是門綜合藝術。希望大家能夠放下偏見，敞開心扉，將它視為可以浸淫其中的綜合藝術。」

她也強調：「終究，對於巫女來說，品德也很重要。」她曾在路上為世越號慘劇的犧牲者舉行追悼祭。

我對世界感到好奇，對他人感到好奇，因此開始表述。巫女是此脈絡的延伸。我之所以成為巫女，不是想要看穿你，而是想要了解你的故事，你自己也渾然不知的故事。巫女的職責在於與人溝通，分享憾恨喜悅，但，我似乎得述說自己的故事，才能超脫固有形象，才能真正存在。本書命名為「我的巫女日記」的理由也緣於此。我想探問貼在巫女名條上的種種偏見，一邊嘗試釐清與去除汙點，一邊若無其事地哼唱，就這樣，開始講述起我的故事。

「您好，我是巫女洪承喜[13]。」

13 譯注：金錦花，韓國國寶級巫女，國家無形文化財第82-B號持有者，一生致力推廣韓國薩滿文化。二○一四年上映的紀錄電影《萬神》（만신）即是敘述金錦花傳奇一生。

擁有母胎信仰的巫女

「哇，背後居然有十字架！」

進行降神儀式時，神師父向蹦蹦跳跳的我說道。「十字架嗎？啊，我以前常上教會。」我是打從娘胎就上教會的母胎信仰者。媽媽來自虔誠的基督教家庭，從小出入教會，親戚接二連三成為牧師、勸師（권사）[14]、

傳道士。我從小學到，巫女是因襲迷信的人。路經懸掛紅旗的神堂時，會聽見「信鬼（不信上帝）之人」說話，也會聽到有人向穿著韓服走過的巫女啐語道：「下地獄的人。」對我而言，巫女本身就是犯下滔天大罪的人。

這樣的我，竟然接受降神儀式，實在令人荒爾。做完降神儀式的次日，神師父向我介紹研習經典的聚會，說不妨一起去看看。我們去的那天，恰好是讀聖經的日子。神師父對我說：「哇，他們說要讀聖經！承喜一定很喜歡。」我笑了笑，環顧人群。聚會上有神師父在內的巫女、穿著袈裟而來的僧人、戴著十字架項鍊的基督徒等各式各樣的宗教人士。輪流做自我介紹時，我說道：「我是昨天剛接受降神儀式的巫女。聚在這裡的人，雖然宗教各不相同，但我覺得共同點是每個人都勤問好學。很高興能與大家一起學習。」

14 譯注：韓國基督教會特有的執事人員。

聚會結束後，我們去了附近美食街的美味餐廳。餐廳牆上畫有大幅塗

鴉。寫上「眾神也著迷的滋味」的字句，猶太教的拉比、佛祖、外星人、

耶穌、印度教的濕婆神圍坐共餐。大剌剌坐在中間的外星人頭頂光環，吃

著麵條。看到這畫，我噗哧笑出來。

一同聚會的我們也圍坐共餐。吃飯時，坐在旁邊的野花，聊起她研習

各種宗教經典的緣由：「我曾經在教會工作很長一段時間。無酬負責各式

各樣的事務。我懷疑這是否真的是上帝的作風，但教會沒有接受我的意

見。他們說我的想法危險又迷信。所以我離開教會。現在，就這樣一邊參

加研習聚會，一邊自己修行。」我喜孜孜地說：「我也是（基督教）母胎

信仰！」說完看了看神師父的眼色，悄悄補充道：「雖然現在是巫女，嘻

嘻。」

我曾經也有像野花一樣努力上教會的時期。六歲時，坐在教會前的鞦

韆上，望著夜空中的星星，感受到上帝與我連結的完好，口中哼起讚美詩

歌。上小學時，一到聖誕節，我們會吹直笛合奏，教會的傳道士和朋友們都非常喜歡。我不再上教會，是在二〇〇八年反對狂牛病美牛進口的燭光集會如火如荼之際。當時，主任牧師責備參加集會的我：「別去這類集會。凡事都有上帝的旨意，那樣做是沒有用的。一切有祂的旨意。」

從此以後，我感受到種種不自在。傳道說教時，向女性教導妻子角色、向男性教導父權家長角色的性別歧視，對於質疑本身的否定，或者「那是迷信」之類的答覆，聽到這些都令人感到不舒服。於是，我十八歲時離開教會。此後，我獨自祈禱、寫作，延續自己的信仰生活。野花也像我一樣有很多質疑，因此離開教會。我們質疑慣習，所以被冠以受「迷信」蠱惑的汙名，我們提出疑問，所以遭指責信念不足，於是，我們離開教會。

吃完「眾神也著迷」的美味一餐後，回家路上的腳步十分輕盈。野花說，她每天凌晨三點三十分起床，邊寫作邊開始新的一天。想像著野花身處的靜謐拂曉，我莞然微笑。

接受降神儀式之前，我最先去的地方也是教會。由於這裡是一個警惕性別二分法或性別歧視教義，以及與疏離存在有所連結的教會共同體，所以可以理解我的苦惱和猶豫，並進行對話。牧師戴著淡紫色的圍巾，以燦爛微笑迎接我。一與牧師雙眼對視，我就流下眼淚。

承喜　牧師，我長期處於精神疲憊，備感艱辛，也曾經歷幻視和幻聽。去過多家精神科門診也找不到辦法。懷著抓住一根稻草的心情，我正在考慮是否接受降神，畢竟我是母胎信仰者。請問接受降神儀式的話，會犯罪嗎？

牧師　我認為不管走哪條路都可以。

承喜　真的那樣也沒關係嗎？

牧師　世界上也有非常棒的巫女，還有反對歧視、與疏離存在有所連結的巫女。妳也可以那樣做。

86

牧師用溫暖的眼神看著我，以堅定的聲音說話。面對正在煩惱是否應

當接受降神儀式的我，他安慰說不管走哪條路都可以。牧師緊緊擁抱選擇

成為巫女的我，我覺得我也可以像他一樣，成為擁抱十字架的巫女。

巫女也談該死的戀愛

卜算未來，料出別人的戀愛運勢、戀愛對象是否出軌的巫女。有的偏見認為，這樣的巫女很會談戀愛；又或者認為，巫女根本不談戀愛。我的情形與這些偏見不同，我談過戀愛，而且談過許多次，但大部分都很淒慘。

相識四年的前任，是一名藝術工作者。他是典型窮苦藝術家的生辰八

字，身無分文，擁有的只是純潔的心靈，以及藝術家的氣質與衝動。我們一起住在半地下室，靠我掙的收入餬口（像這樣養戀人或丈夫的巫女比比皆是）。我也把這視為天生注定，供他吃住。

有一天，與戀人睡覺時，夢中出現童女。童女與我在花叢中跳舞玩耍。但一起玩的童女突然睜大眼睛：「他和某某一起睡過！」祂指著我的戀人這樣說。我被童女的聲音嚇醒。我把睡在身旁的戀人搖醒，然後說道：「你有事情沒有向我坦承。」戀人露出詫異的眼神，立刻如實相告。他與我的閨密妹妹有染。戀人為這段時間說謊道歉，認錯祈求原諒。我又哭又氣憤，感到被背叛而顫抖不已，我想一定得分手。

要是故事那樣結束就好了，但分手一周後，我們又再見面。巫女又如何，神靈告訴我又有啥用。最後，我順著內心再度與他見面。我們經常起爭執。但與最初不同，後來戀人和我吵架時，有時會扔椅子或推人。他開

始使用肢體暴力。每當此時，我會大發雷霆，決定不再見，卻又總是反覆再見。在與遭受約會暴力卻無法分手的客人諮商時，我會說：「一定要分手。」但真正自己遇到了，卻分不了手。

分手後又再度相見的一年裡，我們瘋狂吵架，反覆和解。每次吵架都決心分手，但決心無法持久。這段時間身心投入感情，所以太難放手。直到一年後，我們在幾起事件上產生矛盾而疏遠，最終才澈底分手。

來找我的客人，說著自己談了多次該死的戀愛，不時唉聲嘆氣。我回答道：「身為巫女的我，也談該死的戀愛。」幸好有悽慘的戀愛經驗，我才能謙遜地占卜戀愛運。

我從前任的經驗中得到教訓，也下定決心。我要相信自己的直覺，遵循神靈所說的話。我不要再談悽慘的戀愛。渴望戀愛時，偶爾我會打開 Tinder 看看。去年，在寂寥的冬日，我透過 Tinder 見了十三個人。我下

90

定決心，只見十三個人（數字十三是馬雅曆上繞宇宙一圈的數字）。

其中，曾經遇到一個眉濃額寬的人。面相看起來很爽快。明明年紀輕輕，眼神卻像老爺爺一樣。看著他懶洋洋的眼睛，感覺不是個凶狠或惡毒的人。

我向第一印象過關的他問了出生年月日。攤開生辰八字，滿滿是與我相沖的氣運。我跟他說：「我們八字不合。就輕鬆聊聊，然後解散吧？」他也同意。我們一邊吃早午餐，一邊絮絮閒聊。我一說我是寫作的巫女，他眨眨眼說：「可以為我寫一篇嗎？」我心想：「你知道我會怎麼寫嗎……？」所以，現在正在寫他。吃完早午餐，我們友好分手，再也沒有聯絡。

在這麼多人裡頭，只有一人適合當朋友，其他人都與我八字不合。有感覺的，要麼面相不佳，要麼聲音刺耳，要麼沒有禮貌。我全部都不喜歡。有感覺的

人，一個也沒有。他們也是這樣看我的嗎⋯⋯？我一介紹自己是巫女，他
們全都驚慌問道：「巫女也可以談戀愛嗎？」這時我笑著回答：「有值得
戀愛的人就可以。」

問題只是還沒找到那樣的人而已。

不，這也不成問題。現在遇到心儀的人，我會想就這樣建立友誼，
不會產生非要拴住他成為戀人的慾望。最重要的是，我有友情深厚的家
人、朋友、客人，所以並不孤單。不過，偶爾感到孤獨時，會偷偷下載
Tinder，然後重新刪除。好像這也重複了十三次。

再見，我該死的一場場戀愛。

咖哩與我

去年秋天，老同事繡球來家裡玩。繡球連續好幾年苦於求職，好久不見的她想找我作算命諮商，順便來家裡玩玩。玄關門一開，愛犬咖哩搖著尾巴向繡球跑過去。一下子就與咖哩變得親近，她笑說：「我和貓咪一起住，很不熟悉狗狗的熱烈歡迎。」繡球一屁股坐在地上，摸著咖哩的小腳掌問道：

繡球　不過，好神奇喔。我好像是頭一回看到巫女和小狗在
　　　一塊兒。不知道為什麼，或許巫女是獨自生活，感覺
　　　貓比狗更合適。

承喜　沒錯，有人這麼認為。我說我和愛犬一起生活，常常
　　　有人面露驚訝。可能他們認為巫女的八字命格是像孤
　　　家寡人一樣生活⋯⋯？

繡球　巫女出現在電視劇裡頭的模樣，往往是氣勢強大的女
　　　人，任何事情都辦得到。感覺像是「不需要照顧或交
　　　流等等！」所以看來我也有偏見。

承喜　真的。常常有人認為巫女更適合與貓同住，而非小狗。
　　　繡球與貓一起生活，所以應該理解這是偏見，另外，
　　　說貓是有靈性的動物也是類似的偏見。

繡球　沒錯。常聽人說貓是有靈性的動物。

承喜　貓具有靈性的說法，似乎是用這種方式將貓神祕化、

對象化。也有人以此為由，虐待流浪貓。

繡球　是啊。我的奶奶也說看到貓會觸霉頭，所以她很討厭貓。

承喜　就像看到貓會用腳踹一樣，也有人說看到巫女住的神堂旗幟會倒霉，所以吐口水。從這一點來看，我覺得貓與巫女的處境是雷同的。

繡球和我點了點頭，陷入沉思。在恐怖片或驚悚小說中，貓也是常見元素。電影《康斯坦汀：驅魔神探》（Constantine）出現通過貓眼進入陰間的場景。愛倫・坡（Edgar Allan Poe）的小說《黑貓》（The Black Cat）中也有貓登場，貓被刻畫的形象代表了弒妻主人公的敏感神經。電影《貓：看見死亡的雙眼》（고양이：죽음을 보는 두 개의 눈）中，貓也是以看見死亡的眼睛出場。貓是會與殺人、陰間、鬼神一起搜尋的單詞。

有時被問到的問題，與繡球問的正好相反。「因為是巫女，所以養狗

狗嗎？」如果說貓是看得見鬼的靈性動物，那狗的形象就像驅鬼將軍。驅鬼犬也經常出現在民間傳說中。為受鬼怪蠱惑而迷路之人引路的白狗、救出獨留在失火家中之主人的小狗，諸如此類的故事不知凡幾！

咖哩，這名字取自我喜愛的印度飲食。我是承喜 Kali [15]，所以選了與「li」諧音的名字。咖哩不會對著空氣吠。恐怕不是看得見鬼的狗。不過，咖哩很機靈，牠會把放在桌上的年糕拿到鞋子裡藏起來。咖哩的運動神經很好。咖哩與我一起住在海濱區時，我們常常去海邊游泳。牠不怕水，會把身體投入浪花。咖哩在無邊無際的沙灘上肆意奔跑時，還被封為「閃電」，「閃電！跑！」咖哩有時會因為亂跑受傷，但與我不同，牠幾乎沒什麼小病痛。

若是非要加上修飾語，咖哩不是看得見鬼的狗，而是會好好照顧我的狗。雖然我才是牠的守護者，但咖哩也照顧我。與咖哩一起散步回來後，我會為咖哩擦拭沾滿泥土的小腳掌，用吹風機吹乾。我生病時，咖哩會如鬼神

...

...

般敏銳察覺，舔我的臉和手。咖哩的體溫，讓人暫時忘卻疼痛。

我與咖哩，如同世界上的眾多存在一樣，並非孤單佇立，而是以纖弱身軀依偎著某人生活。所以，若非要說我與咖哩同住的理由，只能回答：「因為我們是彼此需要的存在。」巫女也會是在生活中彼此扶持照顧的地球成員之一，我必須指出這個新奇的事實。

七點起床、寫夢境日記、伸懶腰、刷牙、喝水、喝甜菜汁、與咖哩散步、擦拭咖哩的腳、為咖哩清眼屎和梳毛、祈禱與冥想、寫祈禱文、擦地、洗衣服。這是我的早晨日課。起床後的家務勞動中，最耗時的就是照顧愛犬咖哩。但在早晨日課中，最開心、最愉快的時光，也是與咖哩一起出門散步的時候。

散步路上遇見的每一棵樹，咖哩都會到樹前聞聞味道。昨天向這邊的樹打招呼，今天向那邊的樹問好。對於「當下」，咖哩比我更敏感，在咖

15 編注：作者的漢字名字為承喜，但韓文名字發音為 Kali。

哩的眼中，每天相同的散步路線，卻是每一日充滿不同氣味與色彩的新地方。散步的時候，想像著咖哩如何感受當下，熟悉的路途也會顯得陌生，這瞬間，彷彿是收到禮物一般的感覺。

早上做完家務之後，我會點香。爲了與來找我的另一孤獨存在見面與進行算命諮商，今天我也預先在室內焚香。滿室生香，關上門時，咖哩會在門前嗚嗚叫。最後，我還沒祈禱完，就想看看咖哩，於是打開房門，見到咖哩的臉。反正，今天我得把咖哩摟在懷裡，再開始算命諮商。

讀書的巫女

「我一看書就會打哈欠，所以我不看。」

我正在看書，悄悄走近身旁的神師父說道。她有一雙上翹的大眼睛，第一次與她對視時，覺得她像鬼怪一樣。雖然不記得她說的第一句話，但她的嗲嬌鼻音卻記憶深刻。從那時起，對我來說，她成了可愛的鬼怪形象。

她之所以成爲我的神師父，緣於在我困頓之際，是她挽起雙臂，站出來爲

我舉行降神儀式。

師父以新奇目光，盯著看我讀書的樣子，她不禁問道，打哈欠是神進出的信號，怎麼妳還讀得下書和寫作呢？第一次送我的書給神師父時，她也是這樣說：「哎呀，妳真是神奇的炒碼麵（짬뽕）[16]。」

巫女大致可以分為兩種：降神巫和學習巫。降神巫是透過降神儀式成為巫女，至於學習巫，顧名思義，意指學習後成為巫女。因此，神師父的話想要表達，我是混合了學習巫與降神巫的巫女。不僅神師父，許多其他巫女也說，如果不是特別的學習巫，就沒有必要再接近書本。

降神儀式後不久，像我一樣最近接受降神儀式的童弟子（애동제자）善女傳來訊息（童弟子意指剛接受降神不久的巫女）。

善女　幸會，我是不久前接受降神的童弟子善女。讀著童弟子承喜的文章，我獲得力量，也學到很多。我的神母親要我別讀書，所以我是偷偷看您的書。但我很好奇，您讀書也沒關係嗎？神母親說，童弟子時期要練習與神靈溝通，但書有礙練習，所以要我別讀。我無處可傾訴，所以在此傳訊息給您。

承喜　幸會，善女。在與神靈溝通的過程中，必須學習相信自己直覺的方法，似乎是怕妨礙這部分，所以才說不要讀書。我也曾經煩惱過這個問題，我認為，重要的是讀誰的故事。如果善女讀了我的文章，內心有任何觸動，不管是什麼樣的媒介，我認為都是神靈的意思，都是善女有此需要而做的事。我們繼續讀書、寫作、溝通吧。謝謝您。

16 譯注：炒碼麵（짬뽕。）是辣炒海鮮什錦湯麵，很受韓國人喜愛的一道韓式中菜，引申有大雜燴之意。

回完信後，我有更多的想法。我也經常聽說，巫女最好不要讀書。理由是這會妨礙與神靈溝通的占卜能力。在某方面，這樣說是有道理的。因為有很多書會讓我無法相信自己的直覺與內心。由白人男性作者撰寫、具哲學權威的書籍，以非障礙男性（비장애인 남성）為敘事結構中心所寫成的眾多文學與非文學，皆是如此。

讀這類書的時候，不知不覺會習得偏見。為了對此有所警惕，從很久以前，巫女不再讀書，而是聆聽街頭婦女的絮語，側耳傾聽她們深懷憾恨的哼唱。這些哼唱化為跳大神的主題，口耳相傳，包括現今西海岸船入水巫祭（서해안 배연신굿）在內的眾多祭曲皆源於此。所以，讀書與否並不重要，讀誰的書，似乎才是重要的選擇。因為這關乎選擇聆聽誰的故事。

我讀過的巫俗信仰相關書籍是詩人金惠順的《女性寫作》（여성이 글을 쓴다는 것은）。該書述說女詩人的語言與進行表演的巫女的語言如何相似。在閱讀此書的過程中，我得以將自己接受降神儀式的緣由化為語言。

「挫折、不安、面臨生活極限的女性罹患神病，不僅僅是消極擺脫自身生活桎梏的意志或慾望本身，還體現了在絕望的極端狀況下，積極尋求發揮創造本領之人的地位的慾望。這是關於想要粉碎現有男性敘事結構之變奏的慾望。」

——金惠順，《女性寫作》

古時候，女性能夠閱讀與表達的職業並不多。唯獨娼妓與巫女能夠在男性面前說話、寫詩、畫畫、跳舞。話語的力量，用言語為自己發聲的力量，對於今日女性來說，也是迫切的需求。選擇成為巫女，是我不讓話語歇止的決心。愈用其他人的話語填滿我的話語，愈可能對他們的話語產生共鳴。

我還想聽聽其他巫女的故事。成為巫女，她們曾有什麼樣的經歷、箇中悲喜為何、遭遇的各種憾恨是什麼樣子。跟著故事走，最隱祕、最疏離的哭聲將悠悠浮現。

為土地祈禱

巫女也在學習，不像預想的那樣，只學與神相關的東西而已。最近我在學習氣候危機、女性主義、障礙研究（Disability Studies）等。從今年五月開始[17]，每周四都會用 Zoom 參加線上讀書會。每周分享近況，表達感謝，學習新知。看著瀕臨滅絕動物們的照片，一起默想，用作品表達我對氣候危機的心意。巫女也是這個社會的成員。我認為，持續努力學習並

與周圍環境接觸，對於巫女來說，也是一種責任和權利。

動植物與事物之中也蘊含著存在，就是「精靈」。精靈融於萬物而存在。土地、風、廚餘、書桌、米粒中，精靈都在呼吸。所以巫女撒米粒後，用「隨手」排列的米粒來占卜。這是讀取精靈的氣運，進行溝通。

精靈也有憾恨。動物們因工廠式養殖而無辜死去、大型漁業製造的垃圾島導致海洋中的魚群死亡、人類超量排碳使空氣遭到污染、亞馬遜森林遭濫伐、山林大火使風受到污染。土地與風中的精靈受壓抑而爆發，造成的現象就是新冠病毒、懸浮微粒、氣候危機。氣候危機不是從遠處驟然來到，而是積怨的精靈們向外爆發後發出的嘆息聲。

我向大地之神帕查瑪瑪（Pachamama）祈禱，提出疑問：「眞的非要有所犧牲嗎？追求產業成長、經濟成長，眞的有必要犧牲某人嗎？

我好奇很久了。

牲嗎？沒有無犧牲的共存方法嗎？」接著我聽見帕查瑪瑪的回答：「所以我才給予了無生命物：水、火、空氣、土壤。換句話說，金、木、水、火、土。所以要知道，一把椅子也要好好珍惜，一件垃圾也蘊含神聖。隨意對待物品的話，都會有反作用力。因此，現在，地球生病了，無生命物也感到痛苦。儘管如此，它們還是忍著讓你們使用。但現在，一切資源消耗殆盡。製造機器人、開發人工智能固然好，但別忘記無生命物之類的存在也蘊含著無意識與靈魂。我們（土地）只盼望你們以珍惜之心使用任何東西。別忘了，無生命物因為你們而瑟瑟發抖，物化的存在也在哭泣。妳不是對無生命物很好嗎？那麼，無生命物會報答妳，這就是道理。」

今年五月，東大門設計廣場前，曾經舉行因應氣候危機的「珍愛地球郊遊」活動。鋪上四人用地墊，喝茶、畫畫、開起義賣會。我穿上用紅布製作的衣裳，一起表演《紅色精靈》。「紅色精靈」是始於英國的氣候危機表演團體「Red Rebel Brigade」，世界各地許多人以抵抗滅絕之名聯合

起來。我與同行的三名同伴冥想四元素，祈禱後穿著紅衣上街。有時把

手掌貼在柏油地上，感受土地的震動，有時抬頭仰望天空。每當紅布隨風

飄揚時，身體也會一起顫抖。可以感受到同哭同笑的萬物精靈。

　　六年前，由於禽流感病毒，曾經撲殺了數以千萬計的雞鴨（現在這種事

還在反覆發生）。當時，我與製作紀錄片《雜食家族的兩難》（잡식가족의

딜레마）的黃允導演（황윤）和多名動物權益運動者一起舉行慰靈祭，哀

悼因工廠式養殖而受苦的雞、鴨、豬等。我在脖子和臉上畫上密密麻麻的

雞翎毛，還在慰靈祭上做了朗讀表演。

　　「因為工廠式養殖，見不到一絲陽光而埋在地下的鳥兒們，縱使一一

拾起牠們的呻吟，裝入袋子裡，鳥兒還是發出悲鳴。這悲鳴稱為病毒。」

當時我還沒有接受降神儀式，但不是已經在做安撫冤魂與祈福的巫女

工作了嗎？

靈魂也停佇在無生命物上。萬物是活著的。看看放在我的小神堂裡的無生命物。頌缽、燭台、香座與祕魯聖木（Palo Santo）木片、蝴蝶鈴鐺、花崗岩磁手鐲、寫咒文的黃紙、筆和五方色包。然後看看旁邊放的無生命物。水、杯子、手機和紙、鉛筆、書和垃圾。

看看放在廚房裡的剪刀和碗。這一切，看起來都是珍貴的神物。我用無生命物占卜。大地跟我說話。

純素主義的跳神法會

我喜歡涼拌蕨菜和涼拌菠菜。一定要吃蔬食小菜，肚子才會飽飽的。

雖然嚮往素食，但偶爾也會吃肉。一開始，我嚴格堅持素食，但一個契機讓我有稍微不同的思考。

當時，我去看尼泊爾的巫女庫瑪麗（Kumari）。在尼泊爾加德滿都廣

場偶遇的普里安卡，邀請我去他家。普里安卡的家人說想請我吃飯。那天

晚上，走進普里安卡的家，一家人忙進忙出，準備餐桌。餐桌上擺著金色

餐具，裡面盛著燉羊肉和羊肉湯。我想我應該視情形吃旁邊的蔬食菜餚。

因為，我不好意思在精心準備的飯桌前拒絕。這時，邀請我的普里安卡向

我走來，低聲問道：「承喜，妳不吃肉嗎？」我回答是的。

一家人聚在餐桌前坐下，普里安卡說一起祈禱吧。普里安卡先用尼泊

爾語唸祈禱文，然後再用英語說一遍。「我們會以感謝的心好好享用面前

的羊肉。感謝今天讓我們有這一桌飯的羊兒們。」普里安卡和家人們致意

結束各自的祈禱，然後他們等我。我也照我的方式祈禱，再一起祈禱道謝。

這頓餐吃了羊肉，似乎也無妨。懷著感恩的心吃幾口羊肉，然後擦擦

嘴，再度致意。「謝謝大家一起為羊祈禱。很高興今天能一起用餐。」經

歷了這次飯前靜靜祈禱的時光後，我偶爾會吃受邀時所準備的肉類菜餚。

兩年前，我曾經去看跳大神。在破屋院子裡，巫女嚶嚶哭著撫慰死者

110

的靈魂。在五花八門的水果和蔬食小菜後方，供上一顆豬頭。我盯著跳神祭桌上的豬臉好一會兒。從豬的眼睛，似乎流出眼淚。這頭豬出生在工廠式的畜舍，度過短暫一生又來到這裡。感覺上，死豬的靈魂比死者的靈魂更痛苦。這段時間裡，牠過得多辛苦。被屠宰後來到這裡，該有多冷有痛。

跳神祭結束後，巫女們將豬頭切薄片，將頭肉盛入盒中。看此情景，我覺得很難過。走出跳神法會，徘徊了一陣子，我為豬祈禱。跳神法會沒有準備為豬祈禱的時間，我覺得很奇怪。我問同行的神師父：「為什麼非得供上豬頭不可？」神師父回答：「因為只有這樣才能交換。」也就是說，為了讓人運勢變好，必須獻上遭遇厄運的牲禮祭品。

跳神法會經常供上豬頭。不僅如此，為了展示神靈降臨，巫女還會生吃豬腸或啃肉吃。當我決定當巫女時，最苦惱的就是這類場景。要遵循此一傳統嗎？在巫俗信仰中，經常會耳聞在豬或牛遭宰殺後，人們病癒或獲得巨富的故事。正如神師父所言，以這樣的方式交換能量可能是有道理

111

的。但在現代，祭豬頭是有效力的方法嗎？

任何祭品皆有相對的代價。獻上祭品的人加倍施捨給其他人，才能真正為自己帶來福氣。俗話說，積德可以造福，跳神法會也是同樣的道理。

跳神法會是巫女接神的巫俗禮儀，而且不只是神，它也是為所有參與者消解憾恨、分享喜悅的慶典。

從前，跳神法會本身是向沒有食物的村民施捨的行為，因此更具效果。再者，當時沒有現代的工廠式養殖，感覺供上跳神法會的豬憾恨較少。宰豬時也會為豬祈禱。分食豬肉時，人們心懷感激，能夠交換好的能量。

但現在如何？在韓國，大部分流通的豬是透過工廠式養殖。在狹窄骯髒的畜舍中動彈不得，只顧著吃東西，活沒多久就被殺死。現在，豬肉可以廉價且輕易地購得。牠們不是有效的「祭品」，而已經是這個世界的犧牲者。為了活著的人，把作為祭品而生產的豬供上跳神法會，豈不像是再次揮刀砍向已經死亡的存在？

112

不僅是豬，雞、鴨、牛也是類似的情形。牠們一生見不到一絲陽光，被關在勉強擠進去的籠子裡，遭強迫懷孕，生育率下降的話，就會被屠宰成肉。飼養場裡，牠們的慘叫聲叫聲不斷，牠們的痛苦化爲憾恨，存在身體裡。擺在餐桌之前，我們吃的是牠們的憾恨。如果說巫女的角色是切斷循環的憾恨輪迴，我應該如何面對此一情景？難道神靈眞的想吃冤死生命的憾恨？爲了感同身受冤死的動物、消解牠們的憾恨，我決斷實踐純素主義（veganism），這可不是神靈的力量？

純素，不僅單純意指不吃肉的生活方式。其宗旨是在知道有自己不知道的痛苦存在，要以這樣的狀態生活下去。其態度是側耳傾聽那些不被聽見的痛苦，觀察自己是否背向痛苦不予理會。動物在工廠式養殖生活下受苦、由於人們打造的環境而生病、遭屠宰或撲殺的痛苦，這些都不會在新聞中提及。牠們的靈魂將變得如何？若是連巫女都對牠們的痛苦撇過頭去，誰還會爲牠們祈禱？

聽說要辦跳神法會時，我往往會告訴來訪的客人：「請用公益活動取代性祭法會。」因為很多時候，服務奉獻比舉行法會更有效。儘管如此，如果依然認為跳神法會比較好，可以舉辦無需豬頭或雞肉的跳神法會就好。而我，想在蔬食小菜和水果構成的祭桌上燒香，為無辜死去的豬、鴨、雞一起舉辦慰靈祭。

巫女也有工會嗎？

某一天，我與巫女朋友蘋見面，我問蘋：

承喜　巫女的工作有沒有什麼難處？

蘋　有啊。我在外介紹自己是巫女時，有的人會立刻說：

「請幫我算算運勢。」神靈又不是什麼自動販賣機，說

要算就能算出來。

承喜　沒錯，我也經常聽到這樣的話。就像隨便向歌手說「請你唱首歌」一樣。算命顯然也是勞動，但感覺沒辦法被認可為勞動。

蘋　是啊。算命時需要投入許多情緒勞動。

當然，也有不從事情緒勞動的巫女。但，我是屬於情緒勞動偏多的類型。特別是占卜結果為凶時更是如此。因為我說的話可能造成創傷，而且對客人說話的瞬間，也可能化為現實。希望至少在諮商中，沒有客人心靈受創而回，所以情緒勞動倍增。

蘋也像我一樣，對情緒勞動感到疲憊，她說：「算命的時候，好像非得做情緒勞動不可。客人的情緒狀態呼嚕嚕進入我的內心，我得加以淨化、消解，然後說話。這樣看來，巫女占卜還真是大量的情緒勞動啊。」

有的客人從進門之前，就引來厭惡一切的情緒。這時，要淨化的很多，

116

會感到很吃力。因為要占卜，必須看透客人的心，但層層蓋住的情感鬱結會有所妨礙。面對這一類的情緒，巫女確實會感受到自己是情緒勞動者。

巫女也是勞工。我平均每周工作四十五小時。從周一到周五，一天工作九小時。除去早上起床祈禱的時間，準備 YouTube 頻道的一周運勢影片，兩小時；撰寫《神明在看著呢》，兩個小時；與神靈溝通和占卜的情緒勞動，三小時；畫網路漫畫或畫符，兩小時。就這樣，我每天工作九小時，過著實實在在（？）的勞工生活。如果加上周末去祈禱或為客人算命的時間，一周工作到五十四小時的情況也時而有之。

如同許多勞工一樣，我也是除了午餐時間和休息時間，一整天都在勞動。勞動之後下班休息。晚上時間為愛犬備餐，與家人一起坐下來聊聊天，結束一日。當然，睡前祈禱時間不算在勞動時間之內。不，應該包括嗎？如果祈禱時間也包含在勞動時間內，加上早上兩小時、睡前一小時，算起

來一天工作十二小時。真是勤奮！

想一想，成爲巫女之前，以自由工作者的身分寫作、畫畫的工作日常也很類似。不同的是，與人見面時（算命時）增加了高強度的情緒勞動，而且大部分的時間都在祈禱，難以區分到哪裡爲止是日常，從哪裡開始是勞動。不時還會有人沒頭沒腦要求幫忙看運勢。

即使從事相同的勞動，有的巫女一天很難賺到一頓餐，而有的巫女一天賺到的錢，堪與大企業的平均月薪相比擬。不同於巫女能夠看見未來，所以很會賺錢的偏見，許多巫女賺不了大錢。偶爾也有巫女能夠識破客人脆弱的一面，談及幾百萬韓元的跳神法會或幾千萬韓元的降神儀式，賺了很多錢。反之，也有照實算命的巫女處境卻更爲惡劣的情況。無法賺大錢，不是巫女無能的緣故。我反而經常看到生活困難的巫女將好運分給客人。

很多人認爲，巫女的工作很簡單。有人看到表面上工作一小時就能收

到十五萬韓元（約新台幣四千元）左右的諮商費，覺得巫女只要會說話，就能輕鬆賺錢，所以口口聲聲說：「我也要當巫女。」這是輕忽了巫女的工作，認為它非常容易。難道隨便說點什麼就能賺錢嗎？巫女是每天祈禱、修身養性、淨化客人，同時與神溝通、從事諮商勞動的專業職人。

巫女常說自己是介於人與神之間的存在。但無論如何，實際生活的巫女也是在這片土地上立足生活的勞動者。就像許多勞工一樣，許多巫女也是生活在不平等競爭環境裡的市民。真希望巫女的勞動能夠被認可為勞動。

我與蘋開玩笑說道：

承喜　蘋，我們成立巫女工會吧？

蘋　好啊。不過，成立工會之後，要和誰協商呢？和神靈

119

承喜　建立工會的理由，也是為了讓勞工權利獲得保障。比如，上刀山受傷時，如果能以職災處理，該有多好。

蘋　社會會接受嗎？他們會問，你當初為什麼要那樣做。

承喜　是啊。想被認可為四大保險保障的勞工，應該很難吧？

蘋　儘管如此，我們先團結一起，從我們開始，先好好維護勞工權利。別像自動販賣機一樣，隨便什麼時候都算命。

嗎？（笑）

我對蘋說：「是的。最重要的是我要寫一篇文章，說明巫女也是勞工。」說出此言的我，為了寫這篇文章，今天又超時工作。幸好，這項工作很愉快。

巫女的師徒式教育，難道別無他法嗎？

如果巫女是勞工，那麼神師父的頤指氣使是否會構成職場霸凌？一年前，我去看跳神祭，看起來是神師父的人與剛接受降神的童弟子桃一起舉行跳神法會。初次見面時，對桃的印象是像一顆熟透沁人的桃子一樣，充滿好奇心又聰明伶俐。同樣剛接受降神儀式不久的我，自然視線跟著桃走。穿上漂漂亮亮的韓服，桃正在準備跳神儀式。整理好神服後，桃把年

糕與水果呈上祭桌，桃的神師父向她走近說道：「哎喲，連這都聽不懂？」

說得太大聲了，連遠處的我也聽到了。桃說著：「對不起，我重新來。」一邊把呈上祭桌的年糕和水果又拿下來。神師父轉而背向桃，又說：「唉，那樣的話……」然後嘆一口氣。法會開始之前，同樣的場面又反覆多次。後來神師父還敲桃的頭。然後，桃的神師父來到我與人群所在之處坐下，對我們說：「這孩子傻乎乎的，從頭到尾都要人教。」我很擔心桃。

在桃子忙碌奔走的地方，跳神開始了。一開始，桃面帶燦笑，但不一會兒，她不再興致勃勃，甚至看起來一副垂頭喪氣的模樣，只是呆呆看著跳大神。反之，神師父比任何人都興高采烈地蹦蹦跳跳接神。

嚴厲喝斥的神師父與心灰意冷的神弟子模樣。雖然是熟悉的景象，但桃不知道該我思考著該如何看待這樣的事。法會結束後，斥責依然持續。桃不知道該如何整理祭桌而手足無措，神師父在旁又大聲斥責：「這不是一看就知

道？先把這個裝箱，然後再整理那個。」我還記得桃在法會開始之前精神飽滿的站姿。那模樣已經無影無蹤，只剩一臉氣餒，看到她按照神師父指示把水果拿下又呈上的樣子，我覺得很遺憾。為什麼神師父動不動就打壞桃的興致？難道她認為那樣才是教育嗎？

不久前，剛接受降神的朋友蘋來了。蘋每周與神師父同住三天，接受教育。雖然還在向神師父學習，但她已經自己接客算命。我想知道蘋過得怎麼樣，所以問了近況。

蘋　早上起床，更換神師父的玉水缽、擦拭神師父的神堂地板、擦拭神物、洗衣服，開始新的一天。有時，還有送神師父的孩子去幼兒園的工作。偶爾我會想自己是被僱來當保姆，還是巫女。

承喜　那些事不是應該由神師父來做嗎？照料本身就是祈禱。

蘋　　好像是那樣，不過我是以學習的心態在做。

承喜　有領工資嗎？

蘋　　我沒有另外領工資。雖然飯也是我做的，衣服也是我洗的。

承喜　拖欠工資啊。那樣不行吧？

蘋　　我也不知道。聽說其他巫女在神師父身邊學習時，也會被要求做這些事。

承喜　我接受降神儀式之後，就與神師父分開生活，所以沒有經歷過那類的事。如果遇上那樣的事，我會離開跑掉。我也有瞬間那樣想。有時候，神師父會指責我連這都做不到。偶爾也會聽到侮辱的話語，那時候，我也想逃之夭夭。不過，好像真的不應該連洗衣服都做。

承喜　沒錯。為什麼照料家務會理所當然地推給神弟子做

124

呢？那些都是勞動與苦差事。

大部分的巫女都接受一對一的師徒式教育。降神儀式後會留在神師父的身邊，學習各式各樣的事物：占卜的方法、與神靈溝通的方法、辦理跳神法會的方法、擺祭桌的方法、祈禱方法等。過程中，有時學徒還包辦指導者的家務。特別是在宗教信仰階級分明的情況下，問題更加嚴重。也就是說，即使聽到侮辱的話語或被強迫進行不當勞動，也不能說什麼，只能跟著做。

這類教育在巫俗信仰以外的諸多領域也很常見。如同時常耳聞教授對研究生、主編劇對編劇助理、劇團導演對演員「頤指氣使」的消息，這並不陌生。在這樣的文化下，拖欠工資和加班勞動被以「熱情pay」[18]的名義合理化，原本是煤氣燈操縱（gaslighting），搖身一變化為教育。

18 譯注：這個詞用以諷刺雇用者以熱情作為藉口，給予雇員較低工資、不支薪或是不給予加班費等等剝削行為。

125

巫俗信仰界也存在企圖改變現有不合理文化的人。據我所知，一位老師原本以巫女爲職，現在製作關於周易與塔羅的定期教育計畫，開啟學習的機會。正與老師一起經營社會企業的朋友告訴我：「灰心喪志的巫女，會陷入職業危機，只能說謊欺騙，或者被排擠到更惡劣的環境。我想爲這樣的人提供學習的機會。」也有巫女會向早早離開神師父而未能學習跳神巫儀的巫女，定期提供跳神巫儀教育。任何想學的人都可以在那裡學。未經一對一師徒式教育的巫女也越來越多。

當然，過去也曾經存在未接受一對一師徒式教育，直接占卜跳神的巫女。所以有的巫女說，未必一定要接受神師父的教導。也就是說，天眼一開，自然就會。因爲看世界與事物的眼光發生變化，自然會在日常生活中祈禱，即使不曾學習跳神巫儀的步驟，自然也能擺出舞姿，就算不熟悉算命的方法，也自動會口出神託（有的巫女說這類巫女是靈驗的，有的巫女說唯有好好接受指導，才能成爲好巫女）。

不只是蘋，我也經常耳聞神師父派弟子跑腿的事。指派神弟子照料家務而自己去祈禱場，或者以見客為由不顧家事的情形也很常見。我的所在之處就是神堂，我走的路就是朝聖之路，對於如此不顧珍貴神堂的巫女來說，祈禱又有何意義？使喚他人勞動，說成教育就可以了嗎？

我希望，朋友蘋和桃能夠拿到被拖欠的工資；自己的工作是勞動這一點，能夠獲得社會認可。我想看到蘋和桃神采奕奕的表情。

媒體上看到的巫女

作法詛咒的巫女

電影《哭聲》（곡성）中出現對抗惡靈的男巫師（박수무당）[19]。男巫師穿著軍雄（군웅，曾經保家衛國的軍人、將軍等之靈魂）神服跳大神。他斬雞頭，祭桌供上牛頭。

主持驅魔法會的巫師，臉上沾血，在烈焰熊熊之處用煞（살을 쓴다）。「煞」意指危害生物的「惡毒氣運」（독한 기운，鬼），而「用煞」意指以「煞」驅「煞」。

雖然眾所周知的「用煞」是一種「方法」，卻是巫女必須小心警戒的領域。肆意用煞是人的慾望，而非神靈之意。然而，媒體上經常出現用煞的巫女。電視劇《謗法》（방법）中也曾有用煞的巫女登場。劇中登場的靈媒，使用欲詛咒之人的漢字名字，以及他用過

19 譯注：男巫師（박수무당）的原文漢字為「博數巫堂」，博數為「博士」或「卜師」等之轉音，相較於巫女，韓國男巫師的數量很少，且在作法時要穿女裝。

129

的物品，用煞成功。

與電影、電視劇不同的是，用煞者會有九九‧九％遭遇逆煞

（역살）。所謂逆煞，就是煞氣返回用煞的人身上。偶爾，有人

向我諮詢方法，問我能不能詛咒某人。此時，我會告訴他：「即使

我堅持不施煞，您也正在施煞。如果懷著討厭某人的心，不僅煞

向被討厭的對方，煞也會返回到您身上。」我向客人強調不厭惡

任何人的寬恕之心，理由正是在此。

被惡靈纏身的少女

在許多靈異電影中，小女孩和少女的角色是被惡靈纏身的存

在。不僅韓國電影《黑祭司》（검은 사제들）、《娑婆訶》（사

바하），連《大法師》（The Exorcist）等海外靈異電影裡頭，小

女孩都經常被刻畫爲不敵惡靈的脆弱存在。被惡靈附身的少女「不

像個少女似的」，口吐對性毫無顧忌的話語，以類似性體位的動作扭動身體，不計形象地大吃大喝。電影《哭聲》中，男主角的小女兒以被惡靈纏身的模樣登場，男主角為了救女兒一命，請男巫師來做驅魔祭。

然而，過去在巫俗信仰中，並不將這些少女視為惡靈，反而會說她們得了神病、她們是將成為巫女的孩子，為少女安排歡快的跳神儀式。採取的不是區分善惡的方式，不是將看似惡靈、「淫亂」或像瘋女人般的少女認定為出毛病有待修理，而是協助少女成為擁抱任何陰影、能夠療癒人們的巫女。但遺憾的是，許多靈異片的觀點僅止於將小女孩視為不敵惡靈的脆弱存在。在有巫俗信仰出現的靈異電影中亦然。

反觀電影《娑婆訶》，片中提出什麼是善、什麼是惡的問題。

原本是毛茸茸惡靈形象的少女和神模樣的男人登場，在電影結尾，神模樣的男人以惡靈的臉死去，惡靈形象的少女以神的臉死去。看似惡靈的毛茸茸少女，變成有如擁抱世人的耶穌形象。不過，最終那名少女也被描繪成無法延續生命而死的犧牲者。

電影《沉默之丘》（Silent Hill）中也出現化爲惡靈的少女故事。

這是唯一一部立體呈現少女故事的靈異電影。少女在學校遭受排擠和性暴力，又被村民們以淫亂骯髒爲由的歧視所迫，成爲懷恨在心的惡靈。最終，在少女的詛咒下，村民全部死亡，少女與媽媽一起在非現世又非陰間之地流浪。

巫俗信仰沒有明確的善惡。雖然有名爲「虛主」（허주）的雜鬼（잡귀신），但其存在也只是懷恨在心的魂。要驅趕該存在，我們可以揮刀，也可以放火或斬雞頭施煞。不過，這個方法不是全部，也不能是全部。

隱身的巫女

電影《哭聲》中，無名（무명）一角展現了隱身在後的巫女故事。「奶奶曾經這樣說過。」無名將奶奶的話語以神託方式告訴男主角，但被當作是瘋女人所言而遭到無視。無名在村裡被視爲感情用事的迷信女人。但是，無名沒有做宰殺動物施煞的打殺祭（타살굿），而是吊植物設捉鬼陷阱的村莊守護者。每次人們不相信她的話，植物就會發黑枯萎。任何人都不相信她的話。連男主角也懷疑她，電影遂以悲劇告終。

水往低處流。我們稱之爲惡的能量亦然。所以，處於易受歧視、存在被抹去之境的少女，經常以遭惡靈折磨的角色登場。他們需要的不是驅魔儀式，而是不用喊得要死要活也會側耳傾聽她們說話的社會。

《哭聲》這部電影，呈現了因爲是「瘋女人」所以無論說什麼都得不到力量，還有卽使說出眞相也會被當成瘋話的可怕現實。沒有名字的「無名」，是浪處村子邊郊而遭人蔑視，卻依然悄悄守護村莊的巫女。

現代版巫女

Netflix 電視劇《非常校護檔案》（보건교사 안은영）改編自作家鄭世朗（정세랑）的原著小說，劇中展現了現代巫女的面貌。女主角安恩英的神堂位於學校保健室儲物櫃內。儲物櫃裡聚集了耶穌的十字架、來自埃及的安卡（Ankh）十字架、日本貓和韓國的河回面具、美洲原住民的捕夢網（dreamcatcher）、巫俗信仰的彩色護身符、五色鈴鐺、明斗（명도）20 和串珠、佛教的蓮花和佛祖像等幾乎各種宗教的神物。我是喜歡形形色色宗教神祇的「炒碼麵巫

134

女」，看到這些神物，不禁莞爾。這正是我想設立的神堂面貌。所有宗教的神物中都蘊含著魂，祈願者的心會讓神物變得靈驗。

安恩英用玩具劍和ＢＢ槍取代巫女的鈴鐺，將建築物各個角落的強大陰氣（果凍）一一淨化。她撫慰因職業傷害而死亡的朋友冤魂，努力拯救要一直吃疥蟲才能續命的朋友。儘管如此，她還是得要餬口，所以她一邊工作，一邊暗中戰鬥，吃了不少苦。看著安恩英堅定守護自己感受的真實而活著，腦中就浮現書寫己身故事的女性作家們。安恩英才是我認為的現代版巫女形象。

20 譯注：明斗（명도）是一種巫具，用黃銅製成的圓鏡，被視為神之面，上面畫有日、月、北斗七星，通常掛在神壇牆面巫神圖的上方，或掛在巫女的短上衣上。

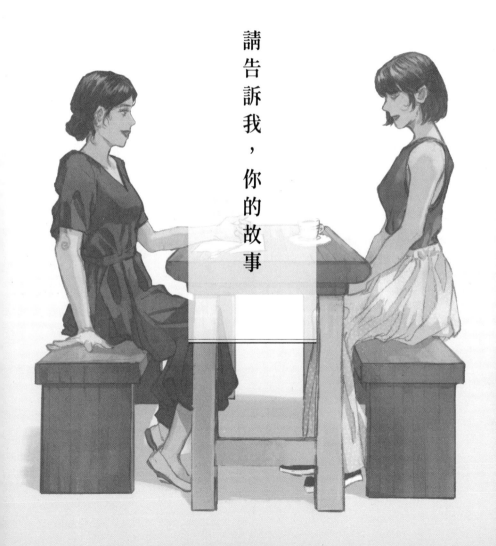

第 三 章

請告訴我，你的故事

一切嗎？以我的經驗，有時如此，有時則不然。

有人能一下子猜出我自己也不太明白的內心，我會備感安慰。巫女也被期待扮演這樣的角色。許多客人正是期待這樣的「正確答案」而來。然而，就算被認為無趣，我好奇的是他們的故事。客人們第一次遇到傾聽自己故事的我，不免覺得尷尬而扭扭捏捏，但在某個瞬間，他們開始吐露自己的內心故事。

我會一面算命，一面聆聽客人說話，從這方面說明，再從那方面解釋，同時詢問客人的想法。這過程是在賦予客人自身命運的解釋權。原因在於，當人認為命運已定時，就會變得確定，認為未定時，就不會確定。許多客人自己已經知道答案，卻需要自我確認，所以才上算命館。而我的角色，就是協助他們掏出內心的答案。因此，我覺得巫女的角色與知心好友沒有太大差別。

不久前，我上了 Podcast 節目《不婚世界》（비혼세）。《不婚世界》是收集不婚女性故事的談話性節目，為迎接一周年，決定與巫女（我）合錄特輯節目。這場訪談將回答對於巫女的種種好奇，也會幫三位主持人算新年運勢。錄音前一天，我讀了又讀事先收到的訪綱。光讀還不夠，我把回答也預先寫下來，列印後再讀，反覆推敲。我一邊大聲唸出擬答，一邊錄音。在前往工作室的路上，聽著我的錄音，反覆琢磨要回答的內容。

話一旦說出就無法收回。我害怕我的話。擔心有人因我的無心之語而感到疏離，擔心是否用到排除某人的語言，所以一再檢查修改自己的語言。我說的話，類似反覆推敲的寫作過程。像在寫表達心意的信一樣，事先想好要與人聊什麼，然後記下來。我不是能夠即興演出的超能力者，我是會練習準備的巫女。

我稍微提早抵達，在工作室裡點香。這是與人見面之前，最後沉澱內

心的過程。在滿室飄著檀香的工作室裡，開始錄音。三人向我提問，我按照練習回答。根據預先準備的回答，得以流暢說出略為不同的版本。這是練習的結果。

燕問我：「不知道為什麼，感覺巫女能夠看穿一切，在日常生活裡，人們可能會覺得不舒服。好像自己狼狽的內心被看透，好像前一天做了什麼都會被發現。實際情形是如何？」我回答道：「妳說得像是有人前一天自慰也全都知道一樣可怕。沒有那樣的事。生活裡隨時在解讀其他人是很無趣的。雖然追隨者可能增加，但應該會沒有朋友吧？」

接下來燕問道：「八字、塔羅、神占……我該相信到什麼程度？」我回答，只要相信想相信的就好。從這個問題，可以談我在面對客人時一直抱持的想法。「比起給出答案，我更喜歡幫他自己說出心裡話。有時候，正確答案是必要的。比如，遭遇約會暴力，這時我會強烈要求分手。如果

不是這類例外情況，我不會隨意斷定客人的命運。解釋命運擁有很大的權力。所以我很小心。必須要小心。」

接著是新年運勢時間，我一面望著燕、菊、梅，一面攤開八字占卜。

一一對視後，開始集中精神。我以任何人都不會感到疏離的話語，親自解說每個人的命運，在那段時間裡，我們的愉快地對話。不知不覺中，在巫女與客人的關係之上，我們已成為好朋友。回家路上，彼此分享時的歡快笑聲一直留在心坎，我笑顏逐開。果然，幸好事先寫了擬答。

結不了婚的八字？

「妳會離婚三次。妳會打老公。妳得收一下脾氣。」

這是十年前偶然在八字咖啡館聽到的話。雖然當時沒有結婚的念頭，

但我真的為這樣的八字感到苦惱。十年後的今天，我非但沒有離婚三次，

還一次婚也沒結。

遇見一名四柱八字命理學家時，我還聽到這樣的話。那是針對命理學深入對話交流的場合。他向我說：「是男人一樣的八字啊。儘管如此，女人還是像豆腐和雞蛋一樣軟弱，所以男人要好好對待。」看得到（或自豪看得到）他人內心與未來的命理學家，竟然未能跳脫男女二分法的世界，實在很可笑。

我在諮商中了解到，許多客人，尤其是女性，曾因充滿偏見的八字解說和無禮的話語而畏縮。諮商通常會期待「聽到」某些話而接受諮商，所以每一位諮商師都有其權力，但命理諮商師有特別強的權力。不管神託多麼明確，都得小心脫口說出的話，可能會如字面改變客人的命運。當提供諮商的人不負責任，沒能善用他與神靈溝通的能力、看到命運的能力時，客人可能會內心受傷地離開。因此，出言必須更小心謹慎，然而，我常常看到許多討論命運的人用現有世界的成見和認識框架，偏頗地解釋他人的生活。這樣做是把一個人的命運困在狹小的見識裡，把自我認識的侷限誤

以為是他人生活的侷限。

「我真的是只能離婚的八字嗎？人家說我是結不了婚的八字。」來找

我的一名客人問道。

承喜　我以前算命時，也常聽說我是離婚三次的八字。因為我的八字裡有三個傷官格。傷官，按照字面是傷害官的意思。官意指組織或所屬。如果男人有官運進來，會視為升職運、就業運等，而在父權家長制下，認為女人屬於丈夫。因此，如果以父權家長制的偏見字面去說女人八字有傷官會「吃掉丈夫」，嫁都嫁不出去。所以，過去解釋傷官格，會認為女性的傷官是離婚數。

但是，男人有傷官格的話，會解釋成男人擁有以正義活動反抗既有規則且開創新局的能力。我覺得，相同

145

的氣運也適用於女性。

客人　原來如此。而且，我去算八字的時候，經常聽說我的子女運強。但是，我不想結婚，也不想生孩子。為什麼會聽到這樣的解釋呢？

客人的八字裡有食神格。這個命格代表口福，也意味著像純藝術一樣嶄露創意表現的氣運。不過，如果女人有這個命格，常有解釋爲子女運的傾向，沒有生育想法的客人會聽到子女運強的原因在此。男人的八字有食神的話，會解釋爲可以安心吃喝玩樂與表達的氣運。不過，我還是不分性別，都以後者解釋。這位客人的八字裡，食神相當多。聽了我的解釋，客人說道：

客人　解釋空間這麼廣，但我好像只聽過一種解釋。

承喜　沒錯。很多命理諮詢師是這樣解釋的。因為是用過去

146

的思考方式，所以解釋帶有偏見。您可以從藝術方面

來解釋食神。您已經在做這樣的工作。

客人謝謝我為她重新詮釋她的命運，然後就回去了。即使不是命理諮

詢，以成見解釋煩惱的情形也很常見。朋友因憂鬱症和恐慌障礙，接受精

神科諮詢時，聽到這樣的話：「妳結婚的話，一切都會好起來。」嚮往不

婚的朋友很慌張，向我抱怨。竟然沒有認真聆聽她的煩惱，沒頭沒腦就要

她結婚。某位朋友沒上大學，去精神科接受諮詢時，聽到這樣的話：「上

大學吧。那樣一切都會好起來。」

只要結婚、只要上大學，一切都會好起來，醫生之言與我遇到的命理

學家之言沒有什麼不同。用成見提供諮商很輕鬆方便。因為感覺邏輯上沒

有矛盾。但是，對於生活不明朗的立體存在而言，需要的不是基於成見的

答覆，而是可以多元解釋煩惱的想像力。

就像所有語言一樣，命理學也有被疏離的存在，就像所有解釋一樣，命理學也是解釋的鬥爭。不追求一對一獨占戀愛、結婚、生育的人，真實性別身分非順性別[21]、異性戀以外的各種性傾向者等，這些未遵循或無法遵循所謂「正常」標準的人，在命理學上也很容易被邊緣化。這些遭受疏離和被排擠的人們，有時覺得煩就親自學習命理學。我也是這樣。

很多人問，命運是否可以改變。命運，通稱的八字，真的是注定的嗎？

八字命理是符號，可以有無窮的解釋。因此，我認為命運的八字不會改變，但可能會無限變奏。命運意指運轉生命。即使是同樣的四柱八字，根據個人意志、產生周圍偏見與成見的教育、與周邊環境的日常互動，變奏方式會有所不同。當然，只有周圍的環境與世界變好，命運才會好轉。

命理學不是將每個人的生活變成神話的迷信，而是近似於拆解固定語言，用不同方式詮釋生活的實踐。為了不破壞生活的無限性，經常要拋棄

成見。命運不是一條狹窄的單行道。縱使有顯而易見的觀念，沒有顯而易見的人生。

21 譯注：順性別代表出生性別、生理性別與心理性別一致相同者。

我必須成爲巫女嗎？

當初我拿不出二千五百萬韓元而無法接受降神儀式時，我以爲自己當不了巫女。後來，一年之後，我不用一分錢接受了降神儀式。多虧遇到現在的神師父。如果我當時接受耗資二千五百萬韓元的降神儀式，會怎麼樣呢？可以肯定的是，降神儀式的費用愈多，「神力」（신빨）不會變好。

150

我的神師父沒有接受降神儀式就成為了巫女。每個人開天眼的速度與時間不一，也有人時間到了，天眼就自動開啟。但是，開天眼之後，並非立刻就會成為無所不能的巫女。從那時起，需要透過虔誠的祈禱和修行，形成神觀（對神靈的獨有觀點和體系），自己悟出與神靈溝通的方法。

舉行入門降神儀式後也是如此。接受降神儀式不是結束，而是開始。就像普通上班族就職後繼續學習、運動、自我開發一樣，巫女也在成為巫女後開始祈禱、整頓生活、鍛鍊自己。

每個巫女提出的降神儀式費用都不一樣。聽說，即使巫女沒有要求，也有手頭寬裕的人像教會十一奉獻一樣，欣然捐出一億多韓元。有人解釋說，在這種情況下，金錢作為一種信任的能量運作，將會提高接神的機會。

但是，來到神堂的人，很多沒有穩定的職業或基礎。有些巫女一看到憂鬱受苦的人，就以援助為藉口索要錢財。如果沒有錢，就擺明不可能救人。

曾有想接受降神儀式的客人來向我諮詢。客人去算命時，聽說若不接

受降神儀式就會出大事，所以來諮詢煩惱。他說他最煩惱的一點是，進行藝術作業時，他總是會看到鬼。我幫他占卜，判斷認爲他未必得接受降神儀式。因爲他已經透過寫作、跳舞作業來消解自己的神興（신명）。我對客人說：

「客人未必非得接受降神儀式不可，透過其他方式，也可以消解神興。就像在派對上跳舞通宵舒解壓力一樣，跳神法會藉由接神來消解神興。所以不用花大錢也有辦法解決。像客人的情況，去附近的精神科領藥也會有幫助。聆聽喜愛的音樂時，我們會體驗到恍惚之境。請像那樣常聽讓心跳撲通撲通的音樂。請經常做自己喜歡的事。還有一個好方法是寫作。寫作時可以看到自己的無意識。這也是與自己溝通的過程。只要這樣，你會心緒安定，運氣也會變好。雖然聽起來很理所當然，但事實本來就很單純。如果做了各種努力還是不行，老是見鬼又心緒混亂的話，那時候再來找我吧。」

客人道謝後返回，之後我聽說客人每天像跳舞般快樂生活。當然，有

152

時候吃藥控制、聽音樂、開心生活，卻依然沒有好起來。由於不合邏輯的起起落落，有時也會很辛苦。儘管做了各種活動，還是有感到混亂、心神不寧的情況。

不管怎麼做都行不通，覺得別無他途時，可以接受降神儀式。接受降神儀式的入門者，得以積極重組過去，成為自己痛苦的主人繼續活下去。如果自己備感艱辛的理由不是我做錯了、不是我誤入歧途，而接受那是神的旨意和命運，就能以不同的方式詮釋與重組自己經歷的痛苦，創造自己專屬的新故事。

若有這樣的客人，我會一個月與客人溝通一次，準備降神儀式。訂下降神法會的表演日期，安排場所。準備降神儀式的過程，就是在策畫屬於他的神興演出。而我，則是協助公開表演的文化企畫者。

我相信，透過降神儀式這個象徵性的通過儀禮（통과의례）22 可以改

22 譯注：「通過儀禮」意指人生的關鍵儀式，代表人從生命中的一個階段進入另一階段的過程。

153

運，而且如果能夠感受到在這廣闊的世界上有人爲我費心準備舞台的事

實，就能迎來稍有不同的來日。在那舞台上，沒錢的人、生病的人，全都

可以成爲主角。我想繼續舉辦這類樸素的慶宴。

吃炸醬麵，還是炒碼麵？

來看新年運勢的客人問我：

客人　我想買一張書桌。要買圓形的，還是方形的？

承喜　方桌感覺比較穩。不過，為什麼問書桌的形狀？

客人　我喜歡方桌，但有時候也會說喜歡圓桌。

承喜　不管哪一種都沒太大關係。最重要的是您覺得舒適。

客人　我……那麼原木書桌好呢？還是黑色鐵製好？

我在諮商時笑了。客人們在做決定前，會來算命館徵求我的意見。但詢問桌子形狀或材質的客人，還是頭一遭。過去曾在某個喜劇節目中，看過一齣「未來備受矚目的職業」短劇，裡頭有一個職業是幫忙有選擇困難的人代爲選擇，幫煩惱著要吃炒碼麵還是炸醬麵的人代爲選擇「炒碼麵」的決定師。我在諮商時，偶爾會想自己是不是這樣的決定師。

前來諮詢戀愛運的一位客人如此問道：

客人　去相親穿白色衣服好，還是黑色衣服好？

承喜　白色更適合您。

客人　這樣啊。那麼約會時，我適合去咖啡館，還是去餐廳？

156

承喜　如果約在吃飯時間見面，去餐廳比較好，如果簡單在午茶時間見面的話，去咖啡館比較好，對吧？（尷尬的笑容）

客人繼續提問：

客人　我想搬家，六月搬還是七月搬好呢？

承喜　六月或七月沒有太大差別。什麼時候搬都可以。

客人　那麼……我住幾樓好呢？高層好，還是低層好。

承喜　條件允許的話，接近天空的高層似乎比較好。

客人　這樣啊。其實我在考慮要住六樓還是十樓。哪裡好呢？

承喜　感覺十樓比較好，不過……

客人　好，謝謝您。可以再向您請教一件事嗎？我是適合早睡早起型的人，還是晚睡晚起型的人？

157

客人如此持續有關日常選擇的提問。結束商談後，我真的深深覺得自己成了決定師。

有選擇困難的客人們，拿著各自的選擇題來找我。詢問書桌形狀的客人也是有自己的迫切需求，所以來問我什麼形狀比較好。我不是無法理解那些客人的態度。做出重要選擇之前，我也會祈禱，等待做出好決定的訊息。

事事都依賴的人，不是意志薄弱或可笑的人。無論是誰，只要對任何事情產生迫切感，都會本能地尋找更好的答案。可能一整天攤開塔羅牌多次，也可能提著煩惱，到處徵求意見。

然而，任何瞬間都是選擇的延續。沒有什麼不是選擇。讀不讀這篇文章是一種選擇，買不買這本書也是一種選擇。我寫不寫這篇文章，也是選擇。如果每次選擇的瞬間都懷疑自己的決定，人生也許真的會疲憊不堪。

想要做好選擇的心情，來自於相信人生有正確答案、相信有更好的選擇。我反而會對這類客人說，「命運」是存在的，一切都會按照命運走，所以建議順著命運選擇，不要後悔。

最近有一次搭計程車，計程車司機用佛祖般的和藹表情對我說：「你是世界的主角。」我被突如其來的話嚇到了，但心情很好。帶著佛祖微笑的計程車司機繼續說：「人生是選擇的延續。只要節制日常生活，保持最佳狀態，就能做出每一瞬間的最佳抉擇。這樣就可以了。」他稱讚我不與朋友們玩到深夜，在傍晚黃昏就回家，做出了最佳選擇。我點點頭，向他致謝。是啊，只要專注於當下，保持最佳狀態就好了。

不過，現在要決定是否把這篇文章寄給編輯，我該怎麼做呢？不管怎樣，還是得問問家人。

巫女不算命時

「要和他分手嗎？」

許多客人拿著這道問題來算命。一位客人正在考慮要不要與交往三年的男友分手，所以來找我。客人容光煥發，但是看似有些悲傷。臉上的光芒時亮時暗，閃呀閃的。客人像自由工作者一樣，從事個人藝術工作，是

個小心謹慎、深思熟慮的人。

我問客人與男朋友之間有何難處，要考慮分手。客人的男友用她賺的錢生活，對於自己的處境感到自卑，進而要求更多的愛情。察覺到這種情形的客人，向男友說她感受到他的自卑感，心裡覺得不舒服，男友就粗口罵人。客人坦言，她數年來一直飽受語言暴力折磨，但男友還不曾打過自己，客人也覺得自己有錯，所以未能分手。

我說：「語言暴力也是暴力。」客人說：「是的，我知道。所以對於自己沒辦法分手，我感到很羞愧。」我以堅定的口氣回答客人：「約會暴力是暴力，不是愛情。您也很清楚。這不需要算命，分手就對了。」習慣暴力的話，聽到惡言也會認為是自己應得。這叫「煤氣燈效應」。即使想要分手，也會懷疑自己是不是很奇怪，所以再度與對方見面。遭遇煤氣燈操縱的人，很難遠離對方。「即便如此，他人好的時候很好……他是最了解我的人……我也有做錯的地方……」這樣說的同時，愈來愈難斷絕關係。

雖然客人說會分開，但像很多人一樣，可以預想她很難輕易分手。

就算客人分不了，也不是客人的不對。很多煤氣燈效應的受害者，為無法分手而受到指責。積累下來會形成羞愧感，開始斷絕其他社會關係。

所以我向客人補充說道：「分手很難，但還是盡量試試看，即使分不了，隨時都可以再來找我。」客人表示明白，也下決心要分手，然後就回去了。

希望客人千萬別適應暴力，能夠衝出目前的處境。祈禱盼望客人得以平安分手。

如果看約會暴力加害者的八字，沒有什麼特別的問題。「暴力丈夫」、「暴力男友」的八字沒有固定形式。問題是容易變得暴力的關係。在一對一異性戀壟斷的關係中，暴力很容易發生。「你是我的」，這種意識會讓人誤以為執著與拘束是理所當然的愛情方式。在這樣的文化下，巫女也沒能跳脫。聽說許多巫女是蒙受丈夫的情緒、身體虐待而接受降神儀式。即

使成爲巫女，也有遭遇煤氣燈操縱的情況。我也曾經歷約會暴力。

很多客人是在遭遇暴力的情況下來找我。遇上只見過一次面就找來家門口纏著求見的男人而受到驚嚇的客人，雖然丈夫常常無法控制憤怒、亂扔東西，但覺得他很可憐而在考慮要不要離婚的客人……「應該怎麼做？」

「爲什麼他這樣對我？是前世有什麼因緣嗎……還是我的八字注定會遇上這種人？我聽說過自己沒有男人運……！」客人每次都會問類似的問題。

很多女性在親密關係中感到悶悶不樂而上算命館。在這種情況下，最不負責任、最簡單的處方是診斷爲「女人的八字太凶」，這是完美的誤診。「爲什麼遇上這樣的男人、沒有看男人的眼光、爲什麼像個笨蛋一樣不分手」，遭到指指點點的約會暴力被害者，如果連巫女都歸咎於她，這些人會完全失去依靠。「因爲我的八字太凶」，她們可能會把遇到這樣的人歸咎於自己，萬念俱灰之下，只能無力地繼續維持關係。

我對客人說：「您遭遇的事情不是小插曲，而是暴力。您應該要去警

察局，而不是算命館。不需要占卜是否得分手，而是立刻要分手的狀況。

而且，遭受暴力不是您的錯，千萬別自責。」

客人再次聯繫，已是三個月後。她向我傾訴，諮商之後，她還是一直沒能分手。不過，不久前，她得知男友正在出軌其他女人的事實。她說她好像已經神智清醒，現在下決心分手。

客人性格剛毅，想做的事也很明確。我向她說道：「您是不受任何人拘束的人。即使沒有與人戀愛或結婚也自帶光芒。請無畏地發光吧。」

鉢里公主故事

鉢里（바리）出生時是第七個女兒。王族父母生的六個孩子都是女兒，知道老七也是女兒就把她丟棄。棄女鉢里（바리데기）意指「被拋棄的孩子」。被遺棄的鉢里十五歲時，父母罹病。陰間之門有能夠治好父母病的藥，但那是只有死人才能去的地方，所以沒有人願意去。父母找到鉢里，請她取來能治己病的藥。

鉢里去西天西域國取藥。鉢里一抵達陰間之門，那裡的武僧說，要取藥，得先與他生孩子和一起生活。按照他的條件，鉢里在陰間度過九年。三年砍柴，三年挑水，三年燒火。生下七個兒子又辛苦勞動的鉢里，帶著藥回到現世。在這段期間，父母已經死了，但吃了鉢里帶來的藥，他們又重獲生命。雖然父母讓鉢里回到王國，但鉢里說想要幫助找不到路的靈魂而離開那裡。

鉢里拋棄塵世王位，回到非活非死的陰陽橋。在陰間路的三叉路口，指引迷路的靈魂。許多巫女誠心祈禱的對象，就是最初的巫女、巫女的祖先鉢里公主。薦度死者靈魂（爲死者靈魂上天祝願的工作）的鉢里公主故事，後來傳承爲指路鬼祭（지노귀굿）、洗身祭（씻김굿）之類薦度死者靈魂的死靈祭（사령제）。

在姊姊和我出生的一九八八年和一九九〇年，女嬰墮胎的情形很多。

166

理由是戊辰年生、庚午年生的女子八字很凶。女孩們就那樣消失了。姐姐和我當時出生，活了下來。但，因為是女孩而被拋棄的事，在現今時代也依然發生。

不久前，在寺院周圍散步時，聽到路過的人說：「一直都是女兒，老四才生兒子」、「人生逆轉了」、「沒錯」。聽了路人說的話，我弄不清究竟這裡是二十一世紀，還是鉢里出生的那個時代。直到現在，只因為是女性而遭拋棄、殺害、排擠的人依然存在。

我出生時是四公斤的健康寶寶。媽媽原本預料，在肚子裡用腳猛踢的我會是兒子。「老虎領我到樹林裡。沿著路穿過草叢，那裡放著五條綠色辣椒。所以，我當然會以為妳是兒子！」媽媽經常這樣訴說我的胎夢。五條辣椒，怪不得以為是兒子。媽媽說，生下我後，在婦產科看到奶奶一臉失望：「以為生兒子的奶奶跑來，知道是女兒後很失望，連排骨都吃不下。」她決定是兒子的話，要吃排骨，但我是女兒，所以吃不下排骨。

陌生男人生下七個兒子，受苦九年。鉢里的模樣像看恐怖電影，令人覺得驚悚又渾身不自在。不過，放棄父母勸誘的王族位子，獨自赴陰間的結局，讓人耳目一新。看鉢里拋棄身為聽話女兒、妻子、母親的女性之位，乃至「成功」之位，可以想像她的新境地。

接受神師父的降神儀式時，再次聽到巫俗信仰中流傳下來的鉢里公主故事。看著重逢的鉢里公主，悲傷湧上心頭。因為活下來的棄女鉢里走到陰間的旅程，與這個世界上眾多疏離存在的旅程很相似。

我的神師父，原本是與幼女和丈夫一起生活的平凡主婦。在女兒重病的日子，她獨自看護女兒，聽說丈夫外遇的消息，她大受打擊，當場暈倒。神師父在鬼門關徘徊了好幾天。當時，她沒有一根可以抓住的稻草。後來，她喊著神靈的名字，自己睜開眼睛。從此以後，神師父成了巫女。她說，似乎除此之外無事可做，所以她成為巫女。

巫女的降神儀式現場，時常是一片淚海。曾經受傷又遭排擠在外的我，過往處境像走馬燈般飛逝腦海。猶如一吐憾恨，我癱坐地上飆淚，然後又站起來上下蹦跳。鉢里曾說過要留在被遺棄者的地方。憑著站在天地之間、陰陽之間的意志，我蹦蹦跳跳，這時鉢里公主以神靈之姿，陪伴著另一個過去的我。

遭排擠在外的人，凝視著越過陰陽界限的悲慘卻廣闊的世界。有的祈禱是只有凝視著那個世界的人才能做的。就像站在外面才能從後方擁抱一切，處於生死界限，才能祈禱擁抱生命的悲慘苦痛。鉢里公主故事送給遭疏離、被拋棄的現代鉢里們新的境地，以及創造嶄新結局的慰勞和勇氣。

170

你的童女想要什麼？

我有相伴的神靈。算命時，大神奶奶穿著黃裙紅襖陪我。畫符時，文殊道士穿著天藍色道袍，陪在我的身邊。龍王大神有一雙在海天邊界洞察萬物道理的眼睛。有祂陪伴，我可以快速理解普世真理，流暢寫作，準確說話。軍雄神將是保家衛國的將軍，以軍人形象廣為人知，祂好打抱不平，將改革全世界的意志付諸實踐，在反對腐敗權力的集會現場，祂穿著黑衣

171

陪伴我。麻姑奶奶經常在我身旁，我起床和睡覺祈禱時，祂都會以寬闊胸懷傾聽任何祈禱。只要向麻姑奶奶祈禱，心情就會變得開闊平靜。

每個巫女侍奉的神靈都不一樣。有的巫女只侍奉一個神靈，有的巫女侍奉眾多神靈。有時會到某個時期，再供奉新的神靈。眾神靈之所以與我在一起，並非因為我是名爲巫女的特別存在。神靈潛在我們所有人身旁。只是大家還沒有喚出其名而已。巫女是與有名字的各個神靈溝通，使現實世界產生變化的人。

若看電影《致命ID》（*Identity*），可以察覺各種神靈的形象。主角化身爲老奶奶、老爺爺、不同性別的存在與小孩子。主角的多重化身看似接神巫女的模樣。當然，電影中的主角無法控制神靈的力量，這一點與巫女不同。即使不以電影爲例，自我認同也會根據見到誰而有各式各樣的變化。遇到某個朋友會變得像開朗的孩子一樣，遇到另一個朋友會變成覷

腆的老奶奶。所有人都隱藏著多樣面貌。

童女是陪伴我的神靈之一。童女的力量嶄露在戀愛運的占卜。告訴我前任出軌事實的也是童女。童女，很會察言觀色的九歲女孩。為了祂，我買了一個五彩鈴鐺，單手大小的一只小鈴鐺。銀柱上掛有綠、紫、藍、紅、粉紅、金、銀各種顏色的鈴鐺，一搖就能聽到孩子們的笑聲。童女會在笑聲中給予神託。

童女來到身邊，是我在印度跳日本舞踏，突然經歷迷離狀態的時候。童女用娃娃音向人們說：「我沒有瘋。不要走。」滿腹委屈的九歲女孩。童女的模樣與我九歲時很像。不想和媽媽分開就哭嚷著不去學校的我，在學校一直望著窗外而挨罵的我。

不久前，我與童女一起開始一項嗜好，就是彈鋼琴。我九歲時，學很多東西都半途而廢。彈鋼琴、騎腳踏車是代表性的例子。我學了三本《拜

173

爾鋼琴教本》。九歲人生，根本覺得生活無趣的我，對鋼琴也立刻失去興致。沒辦法雙手同時彈鋼琴，從此不再上鋼琴課，後來就不曾坐在鋼琴前。

但年過三十的我，重新坐到鋼琴前。琴鍵一敲，九歲的記憶像電影一樣在腦中浮現。我想起當時九歲的我，去鋼琴學院做音符作業，又突然丟下書包去鋼琴練習室，不耐煩地彈出《學校鐘聲噹噹噹》（학교종이 땡땡땡），用小小手指按著琴鍵，心裡只想趕快回家。

最近，像學習新語言一樣，琴鍵與手指變得親近。鋼琴老師坐在身旁說明大調和小調的原理與鍵盤時，我感受到未曾有過的驚奇。像陰陽原理一樣的黑與白，像周易八卦一樣產生八度音的鋼琴鍵盤，神祕又陌生地迎到面前。看著樂譜慢慢按下琴鍵，同時感受到身旁陪伴我的九歲女孩。

現在，我用鋼琴彈奏大悲咒：「南無喝囉怛那哆囉夜耶。南無阿唎耶。婆盧羯帝爍鉢囉耶。……」彈完再喝杯熱可可。

我偶爾會為了童女吃點心。童女最喜歡的瞬間就是吃到美味餅乾的時候。祂也喜歡熱水澡，洗澡時，我會像為小孩子擦身體一樣，悉心擦拭我的身體。

與童女在一起的日常生活，甜蜜又快樂。一起吃餅乾、彈奏沒有學完的鋼琴、幫她洗熱水澡，童女在身旁，一天變得多彩多姿。遇到童女以後，我不再把照顧自己視為次要的事。搞不好是童女在照顧我也說不定。我問童女：「下次想做什麼？騎還沒學完的腳踏車？還是依然害怕的球類運動？」

說不定每個人都有童女、童子陪伴。祂們在心理學上又稱「內在小孩」。所以，有時候祂們會以受傷的模樣出現，有時以「請照顧我」的要賴孩子臉孔出現，有時以機靈伶俐的孩子面貌出現。即使不認識內心的童女、童子，也要以照顧自己的心態，每天撥出三十分鐘珍愛自己的時間，如同向內心的神靈祈禱一樣。有的客人來的時候，童女在生氣或在哭。也

有很多客人看起來像是在哭泣的童女、童子。我會向這些客人說：「請照顧自己。好好洗澡，想學的事情也盡情嘗試。像要祭祀般地精心準備料理。慢慢品嚐美味的餅乾。別鞭策自己。請像對待孩子一樣給予安慰，像照顧內在小孩一樣愛自己。」

我們面對凶卦的姿態

當時，我剛剛接受完降神儀式，開始算命。客人還沒來，我就覺得肩膀沉重，心情鬱悶，不禁暗忖今天是什麼樣的客人。客人抵達，一見到他的面容，我有一種不祥預感。客人說：「我不久要參加一場重要的考試，能夠通過嗎？」我說：「現在時機不佳，今年很難通過，明年較有勝算。」客人大失所望地說：「我為這考試準備三年了，如果這次又落榜，實在太

辛苦了。」我重新占卜。但，不管怎麼看，都沒看到今年會通過考試的跡象。反之，有占卦顯示，要小心健康可能出問題。

我考慮了一會兒，直言不諱：「客人，比起考運，您更要注意健康。現在您的肩膀沉重，頭昏腦脹，在這種狀態下，建議要持續不斷運動，慢慢準備考試。為了劍指明年，請務必愉快地生活與學習。」客人表示明白，但還是會努力試試看。諮商結束時，我說：「如果您好好調理健康，今年也有可能考上。體質有所改變，命運也會改變。雖然現在看不到及第的運勢，但未來可能會不一樣。」

幾個月後，客人聯繫我：「師父，雖然我抱著一絲希望，但結果還是落榜。因為已經事先知道，心靈受到的打擊不大。我相信自己明年會通過，所以決定繼續認真學習。謝謝您。」我告訴客人這段時間辛苦了，無論結果如何，別忘了學習像祈禱一樣，都在積德。

通常，凶卦意指考試不及格、身體病痛、找不到理想工作或與心愛的

人分離的占卦。人們往往把在世事中不喜歡的離別、痛苦、忍耐時間解釋

為「凶」，但從更寬廣的觀點來看，這些時間可以是靈性祈禱的時間。因

此，雖然有看似凶象的占卦，但並不存在凶險的、不好的人生旅程。

為準備考試而用功學習的時間，就類似靈性祈禱的時間與氣場。學習

是獨自探索眼睛看不見的概念，在外部刺激最小化的狀態下，投入時間專

注自身，這與祈禱和冥想類似。所以很難說考試不合格就視為凶卦。因為

就算不合格，準備期間也是透過學習的方式在積德。

身體病痛也是如此。在靈性深化的時期，身體經常會出現病痛，與其

說這是凶卦，不如說是訊息。因此，如果出現健康問題的占卦，我會詢問

神靈為什麼健康出問題，然後以向客人解說理由的方式來算命。

與愛人離別的情形也一樣。雖然有時是緣分結束而分離，不過，面臨

人生巨大變化時，因緣輪替的時期來臨，現有的緣分自然會離去。正如同

葉子到了秋天就會落下，這個道理不會被視為凶兆，只要想想因緣又將重

新墳滿，離別自然不是凶卦。

「不會因爲在我面前，所以只說好話吧？」

許多客人在我解釋占辭時會這樣問。難道他們相信事無好事，唯有不幸的敘事才是眞相？看似不幸的東西，會不斷溢向周圍。我們生來就會病痛衰老，又活在充滿不確定性的世界裡，所以要預測不幸，猶如在地雷區找地雷一樣容易。然而，就算出現凶卦，也要在確定之後，小心謹愼地告訴客人。

如果傳達命運的人不加說明，而只告知占卜結果爲凶，客人就會感到驚慌。「那要戴護身符嗎？」「那得舉行跳神法會嗎？」一定會有諸如此類的提問。護身符或跳神法會要有效，客人必須相信其效果。聽說不幸而滿懷憂慮的客人，收到護身符後感到安心；如果相信舉行跳神法會能夠消災解厄，實際上就會擺脫厄運。既然如此，乾脆一開始就別讓客人將不幸銘

180

刻在心，而是以充分解說不幸原因的方式來算命。

　　我對來算命的客人說：「能信多少就信多少」。如果去算命時出現凶卦，請牢記這句話。我只相信我想相信的。當然，如果出現凶卦，即使不想相信，也會持續在腦海浮現，免不了銘刻在心。如果相信凶事會發生在自己身上，往往真的會出現吸引該情況的傾向。如果聽到凶卦後一直心裡怪怪的，又很難再去找算命師的話，建議用文字整理自己對於占卦的想法。以文字整理想法，這個做法就像學習一樣，也很類似祈禱或冥想，可以用以消解厄運。

　　不亂說凶卦，既是為了客人，其實也是為了保護自己。原因在於，身為巫女，我遇到的所有因緣和場面都是我的鏡子，客人的占卦也是我的占卦。如果忘記這一點，不負責任地說句「是凶卦」就結束諮商，客人的厄運會原封不動地返回成為我的厄運。也就是說，我會被自己說的話弄傷。

我遇到困難時，一定會有遭遇類似困難的客人來找我。幸虧有我經歷過的不幸，才能在內心深處聽見客人的不幸，一起尋找出路，我十分感謝。

因此，對我來說，凶卦並不存在。

我們之間不是
生辰八字注定的

百科全書中記載，合八字（궁합，韓文稱之爲宮合）是預測即將結婚的新人關係運勢的方法。但，不同於百科全書的說明，合八字不是只有即將結婚的人才可以看。一起工作的同事、一起生活的朋友也可以看。不僅異性之間，同性之間也可以看，不僅一對一，家人、朋友、事業夥伴之間也可以合八字。

合八字看的是關係的動態。關係有多和諧、關係會持續到什麼時候。知道對方的八字遇上我的八字會造成什麼樣的相剋相生，就能知道什麼部分要彼此讓步、什麼時候要小心衝突。

「聽說我們的八字很合，但我們卻一直吵架。」

一位來訪的客人向我說道。我攤開八字查看。正如客人所說，兩者八字沒有相剋。我問：「您們主要是為什麼樣的事情吵架呢？」客人說：「對方不做家務，好像只有我一個人在付出。」原本在看八字的我，突然停下。

定義關係的不是八字合不合，而是繫於彼此不斷地相互扶持。不管八字多合，如果不努力進行溝通、負起責任關懷彼此、分擔家務等，關係必然會結束。

我的周圍也有一些八字本身不合，但經常關懷彼此的情侶。我向客人說：「比起八字合，更重要的是對彼此投注的努力。就算八字再合，一旦停止為對方付出努力，緣分只會走向盡頭。當然，產生想要努力的意志也

184

是八字相合的一部分。但目前看來，您們兩人中似乎只有一人為對方付出

努力。希望您們能彼此好好溝通。」

有的人則是聽到相反的話而來。

「我們八字不合，所以沒辦法結婚，真的八字那麼不合嗎？」

占卜的結果是，彼此相剋的氣勢很強。但，合八字不是單純如此。關

係相剋多就被無條件視為八字不合，其實是片面的解釋。反而許多情形

是，由於相剋而成為能夠相互學習新東西的好伴侶。

我對客人說：「兩位正在相互學習許多東西。只要信任彼此、接受彼

此就好。世界上不分好或壞的八字配對。終究重要的是，不管

八字合不合都不放棄彼此的意志和責任感。抱持這樣的心態，二位就能好

好一起生活。這樣就是八字相合。我認為，投入這種責任感和意志的關係，

就能走下去。」

185

另一個為愛情運傷腦筋的客人如此問道：

客人　我有交往中的朋友，我們又像朋友，又像戀人。我想和他繼續交往，之後他和我會變成什麼樣的關係呢？

承喜　繼續交往就好了。問題是什麼呢？

客人　我想知道我們會成為戀人，還是只是朋友。

雖然我認為，兩人已經交往得很好，就沒有必要再看八字合不合，但如果是煩惱要如何定義這段關係，那又是另一個問題。煩惱愛情運的客人往往有類似的問題順序。他們會問，如果有喜歡的朋友，會不會與他成為戀人。每當這個時候，我都很為難。當朋友好還是當戀人好，合八字是看不出來的。

彼此感受到親密、熱情與責任的關係，有時是朋友，有時是戀人。如

果想看關係是否會成為戀人，通常看的是日柱合八字（合궁합，韓文稱之為內宮合），日柱八字相合的話，往往會解釋為將「發展」成戀人關係。

但其實，這是有疑問的。朋友之間沒有日柱合八字嗎？況且，戀人與朋友可以截然二分嗎？在合四柱八字時，也沒有區分朋友的運勢、戀人的運勢。終究那是解釋者的偏見介入。異性戀或同性戀、男女二分法、朋友或戀人的二分法，都只是解釋者的偏見而已，合八字並不存在這類二分法。

所以，在關係方面，我經常是作開放式的解釋。

客人接著說：「其實，不管用戀人或朋友來區分、來稱呼我們的關係，都是有負擔的，我覺得可能是我們沒有充分相愛吧。」我對客人說：「除了一對一的獨占戀愛、除了所謂的戀愛，還有各式各樣的愛情方式。與其說『請成為我的戀人，眼裡只有我』，以此界定與他的關係，不如說『就這樣像朋友一樣、像戀人一樣一起交往下去吧』，彼此沒有界定的關係也可以交往。」客人坦言，在一對一的獨占戀愛關係下，其實他感到悶悶不

187

樂。每當對方黏人的時候，他都會感到辛苦有負擔，他不曾想過可以重構關係本身，現在，他得思索一下不同的相處方式。

　　基本上，人心不是只能夠愛一個人，合八字也是如此。同時喜歡多人是有可能的。就像可以同時交很多朋友一樣，同時也可以喜歡多人。這種愛情方式稱為開放式關係，又稱為多邊戀（polyamory）關係。與我一起同住的三名伴侶是多邊戀關係。屬火的曉、屬水的宇宙、屬金的塵，既是戀人又是家人又是朋友。水多的宇宙有助於曉和塵的情緒穩定，火多的曉可以讓宇宙和塵更加耀眼。金多的塵為曉和宇宙建立堅實的圍牆。看著三人守護彼此的八字，我感受到世界上存在如四柱般形形色色的愛情方式。

　　為了不以帶有偏見的解釋來束縛人們的愛情與關係，我今天也在學習多彩多姿的愛情方式。

擺脫二分法的窠臼

來占卜戀愛運的客人，我會問一個共同的問題。

「可以告訴我您的性別認同和性取向嗎？」

我不是從一開始就提出這樣的問題。以前有次在線上算命，看到一位長頭髮、穿裙子的客人，我理所當然地問客人：「現在沒有男朋友吧？」

客人慌張地說：「其實我認為自己是男生，我喜歡女生。」

我向出櫃的客人道謝，也爲只看照片就隨便判斷多次致歉。我不知道客人是認同自己爲男性的跨性別者（transgender），喜歡女人而非男人。在他面前，我無意間誤談到男朋友。對於無數次聽到這類話語的客人來說，連巫女占卜都囿於性別二分法和異性戀的規範，客人該有多鬱悶啊。

那天以後，我對來算戀愛運的客人一律用「戀人」一詞取代「男朋友」、「女朋友」，而且會先小心翼翼地詢問客人的性別認同和性取向。客人不方便表明時，就用不偏向任一性別的方式來算命。

喜歡女人、喜歡男人，只有客人說了才能知道。巫女是解釋命運的人，不是決定命運的人。客人喜歡何種性別，認定自己是男性、還是女性，或者兩者都是，抑或兩者都不是，都是客人的決定權。諮商時提出這樣的問題，也是爲超越社會上認爲理所當然的異性戀規範和男女二分法之實踐。

我也認爲自己是男又是女的「性別酷兒」（genderqueer）。我侍奉的

190

神靈之性別也各不相同，由此看來，性別二分法分明是粗糙的限制（身為巫女，我有時變成小男孩，有時化身為年邁的爺爺奶奶）。我的性取向也是如此。我是不管對方性別如何，都能感受到性吸引力的泛性戀（pansexuality）。無論對方是男性、女性、跨性別者或性別未定，無關乎性別，我都可能覺得受到吸引。所以，我經常向人介紹自己是「酷兒巫女」。來找我的的客人，很多擁有各式各樣的性別認同與性取向。

客人們的煩惱，像彩虹般五花八門。「我以跨性別者身分生活，也能算命嗎？有這樣的八字嗎？」一名跨性別客人向我問道。我回答：「八字或命運不分是否為跨性別者。反而這個社會以性別二分法區分所有人的解釋框架，其實是狹窄而扁平的。世界上必然存在各式各樣的性別與認同。我會開放各種解釋的方式來提供諮商。」

不過，一般而言，偏順從內斂型的八字解釋為「女人的八字」，偏積

極進取型的八字解釋爲「男人的八字」，彷彿世界上只有兩種性別的八字一樣。

一位女客人來找我，她這樣說：「我喜歡女人，但男人們說喜歡我，所以很煩惱。」另一位來找我的客人這樣說道：「雖然我看起來是女人，但覺得自己是男人。是我很奇怪嗎？」我回答：「一點也不奇怪。如果覺得自己是男人，那就是男人。」

擁有各式各樣性別認同、性取向的客人，會來找我確認自己是不是很奇怪。我回答說沒關係，一點也不奇怪。這類客人多半不必上算命館，自己已經知道答案。儘管如此，爲求認證自己的存在、認證自己不奇怪，他們來找巫女。他們對於不斷讓人懷疑自身存在的社會氛圍感到厭倦，所以找上算命館。

一位來訪的客人訴苦道：「我是跨性別者。最近失去了幾名朋友。好

幾個身邊的跨性別朋友自殺。我正在服用抗憂鬱藥物，想到會不會有一天我也以自殺的方式結束生命，就感到揣揣不安。難道我的命運也是如此？

跨性別者天生注定不幸嗎？」我占卜後回答：「真是辛苦了。如果世界能夠包容各式各樣的性取向和性別認同，他們就不會選擇自殺。這不是占卜能做的，必須用盛大的跳神儀式來化解。所以我們要繼續在街頭舉行彩虹跳神法會。唯有世界變好，命運才會變好。」

五年前，我曾去參加在大邱舉行的酷兒文化節。我穿著破洞的網狀絲襪、藍色螢光短褲、五顏六色的上衣，臉上畫著彩虹。手上握著彩虹旗，與人們在道路上行進。歡快的音樂響起，人們一起跳著舞，一面向前移動。到處可以看到有人舉牌：「同性戀是罪。」「悔改吧！」在這些反對酷兒文化節、穿著黑色西裝的人們之間，我們穿著繽紛，哼歌、跳舞、玩耍。這是一場興味十足的跳神法會。我們的跳神法會是不讓任何人感到疏離的慶典。

為了認證自己的存在而來算命的客人，依舊來找我。真希望這個社會

能夠成爲不用算命也照樣看重自己存在的社會。我想在那樣的世界與客人再度相會，希望在那樣的社會裡收到的諮詢不再是「我的存在很奇怪嗎？」而是「我和朋友吵架，很難過」、「我在考慮跳槽」之類的日常諮詢。我想與彩虹色的客人們分享生活的各種煩惱與快樂。

給度過靈魂暗夜的你

來找我的客人當中，不少人患有憂鬱症。我經常對持續感到憂鬱的客人說，最好到精神科接受醫學治療。不過，也有客人訴苦，雖然長期服用抗憂鬱藥物，但症狀並沒有改善。

承喜　什麼時候最憂鬱？

客人　早上睜開眼睛時，我覺得最鬱悶。活著，都很憂鬱。

我只想死。

承喜　不過，您是如何找來這裡的呢？

客人　我不知道憂鬱的理由，所以想說是否可以聽到不一樣的說法。

我告訴客人，這是靈魂在度過黑夜。我向歪著頭的客人補充說明，他的靈魂正在經歷一次死亡。雖然靈魂沒死，但每天晚上睡覺時，會去很多地方旅行，當然也會做很多夢。我問客人會不會做夢，客人好像等著似地回答：「我的夢境都很鮮明。昨天也有做夢。」我問他：「做什麼樣的夢呢？」

客人　夢裡的故事是，天上一名穿著紫色韓服，看起來像天使的人向我走來。夢境栩栩如生。

196

承喜　很棒的夢耶。以後您做的夢，請全部記錄下來。在度過靈魂暗夜期間，夢裡經常會接收到重要訊息。不妨像寫短篇小說一樣寫起來。

說完以後，客人說，他決定要寫夢境日記，頓時彷彿出現一件想做的事，憂鬱感驟減。諮商結束，客人問道：

客人　但，這條隧道什麼時候結束？

承喜　過了靈魂暗夜，自己會知道的。再度迎來晨曦的時候，很快便能細細察見身旁的小事物。我也會為您一起祈禱。

幾天後，客人傳來簡訊。

「諮商結束後，我每天記錄所做的夢。寫下我做的夢，感覺像是與我對話的過程，內心也如冰雪漸融般變得舒坦。真的很謝謝您。」

客人與自己的夢對話，在過程中逐漸恢復元氣。我並未向客人說特別的話。只是把「憂鬱症」一詞，替換成「正在度過靈魂暗夜」。數月後，客人表示他把自己的夢整理成文，完成短篇小說，同時他也吃抗憂鬱藥物，認真生活。看到客人比以前更有活力，我感覺到他已平安度過暗夜，迎來早晨。我傳簡訊給客人：

「您好，現在才是開始。請繼續服藥，試試看專注在每日的生活小事。慢慢摺衣服、慢慢清理冰箱的各個角落。慢慢來很重要。請從容地照顧自己與周遭，專注在這上面。您會從中接收到新的訊息。」

憂鬱症是如實感受世界的感覺。比起見樹，見林時的直觀感受比任何時候都要敞開。敞開的心靈之門很容易捕捉到陰影；開敞的身體之門，會受到各種氣場影響而讓身軀變得沉重。但同樣地，此時的心靈更具深度，啟發的靈感更豐富。

我也曾受憂鬱所苦。早上睜眼是非常辛苦的事。宛如搬到夢中的人一

198

樣，整天只想睡覺。夢裡展開的是我所期盼的場景。由於太喜歡夢，覺得就那般死去也很甜蜜。如果能夠永眠，又未嘗不是一件好事。只顧睡呀睡，

某一天，我做了一個栩栩如生的清醒夢。清醒夢，意指在做夢的同時，察覺到這是夢的狀態。夢中，我在天空飛來飛去，四處遨遊。雖然知道是夢，還是十分開心。醒來之後，已分不清何者是夢。顧望當下，彷彿在做清醒夢般，整個人生猶如南柯一夢。

夢般，整個人生猶如南柯一夢。

處處充滿生機。

開始以這樣的視角來看，原本沉重的身軀變得輕盈。人生不就是在活在當下瞬間的美夢！雖然噩夢般的事情也進逼而來，但終究在夢裡創造故事的力量繫之於我。夢裡可以創造新故事的莫名確幸，讓我重新振作。如同做清醒夢一般，重新定義當下的意義，就會看見細微的瞬間，日常場景

患有憂鬱症的客人來訪時，算命之後，我會向他解析。「您正在度過

靈魂暗夜。」「您正在夢的世界旅行。」「童女正在哭泣。請您好好照顧自己。」「您正在經歷以後可以告訴別人的痛苦。」

「巫女也是尋找新故事的語言術士，從乾巴巴的病名背後發掘出新意義的說書人，巫女也是給予客人力量的治療師，讓客人成為故事的主人，創作自己的故事。如果不將客人的狀態單純定義為「罹患憂鬱症的時期」，而是以新的名字來定義的話，展開的故事會截然不同。那一瞬間，客人與我成為一起創作新故事的共同作者。

告知靈魂的年齡

那天的預約是久違的面對面諮商，為此，我先洗了頭。吹乾頭髮後發現，頭髮像三天沒洗一樣地油膩。怎麼會這樣？我再一次揉出洗髮精泡沫洗頭。再一次吹乾頭髮。這次頭髮依然緊貼著頭皮，還比一開始更油膩。

究竟怎麼了？

我聽到神靈說：「這是幫妳抹上芝麻油，讓妳美美的。」說是為了在

客人前表現體面，才幫我的頭髮抹油，我噗嗤笑出來。這是老式的髮型了，雖然現在的人不覺得好看，但重新洗頭好像也去不了油膩，我便停止打理頭髮，準備見客。

客人是三位二十歲出頭的朋友，他們來到家裡。我點了香，開始占卜。

依序為三人算命後，就能明白我的頭髮變油膩的理由。他們都是大齡靈魂。三個人的年紀加起來超過八百歲，由此可以猜得到神靈奶奶為我上髮油的原因。我對客人們說：

「各位年紀都很大耶。所以我的頭髮才去不掉油膩。」客人與我，就像同輩的老奶奶一樣哈哈大笑，自在聊天。

客人們回去後，我又洗了頭。現在算命算完了，油膩去掉了嗎？吹乾頭髮一看，油膩消失了，頭髮摸起來變得鬆鬆軟軟。我向神靈祈禱：「謝謝祢為我抹油。抹了芝麻油的頭髮雖然好，沒抹芝麻油的頭髮也很好。」

每個人的靈魂年齡都不一樣。如果知道靈魂的年齡，就能找到屬於自己的生活節奏。有的人以三歲之眼活在世上，有的人以八百八十歲的眼光望看人生。靈魂年齡沒有好壞吉凶之分，只要配合各自年齡的節奏來生活就好。

人們自古以來篤信一種信仰，就是各個生命週期各有課題。人們相信，在十幾歲的時候，要作聽話的子女、用功的學生，成功考上大學；在二十幾歲的時候，要就業謀求經濟獨立。；在三十幾歲的時候，要購屋置產，結婚生子。用這種方式專注在每階段的生涯課題時，卻似乎失去了自己固有的節奏。

了解自己的靈魂年齡，給人力量去對抗這種生命週期課題的信仰。靈魂的年齡，顯示這一生賦予我的固有節奏。靈魂的年齡不會隨著時間流逝而改變。無論年齡大小，只要按照自己年齡的節奏來生活即可。

與我同住之家人的靈魂年齡，也各不相同。靈魂年齡十三歲的宇宙，是剛滿三十八歲的上班族，也做翻譯工作。表面上看起來斯文沉穩，其實像個十三歲的小小科學家一樣，對凡事都好奇，喜歡收集書，隨時會提出問題。因為好奇心強，有時會因為做出突發行動而受傷，但在十三歲的靈魂年齡裡，就像在遊樂場玩一玩跌倒一樣，那是很自然的事情。

塵剛滿三十二歲，靈魂年齡四十歲，他管理家中的財務與家庭收支。喜歡照顧人和整理家中的塵，擁有強烈的責任感又講義氣，他羞於暴露自己，喜歡躲起來。雖然如此，但想要獲得認可的塵，在家人有事的時候，往往最先跑出來。

曉剛滿三十四歲，靈魂年齡八十九歲。她慢性病多、體力條馬上就耗竭，凌晨早起開始新的一天。她睡午覺，傍晚又睡，每天如此度日。她有清明的見識，前瞻的眼光，扮演向周圍的人指引未來前景的角色。她宛如一個有智慧的國寶老奶奶。

這樣知道家人的靈魂年齡之後，我可以更自然、更舒坦地面對家人。

不久前，我爲一民美術館舉辦的《命運諮商所》展覽準備了「我的靈魂年齡」表演。在裝置作品「二〇二一年款新式神堂」中，我與每一位預先申請的參觀者見面，告知他們的靈魂年齡。

作者郭恩靜（곽은정）、金壽煥（김수환）、朴佳仁（박가인）、崔章元（최장원）的裝置作品「二〇二一年新式神堂」中，一個女人人側臥，塗上金箔，裏佛祖衣，露出佛祖臉孔。看到托著手臂、舒舒服服側臥的女身佛祖，感覺這就是新式神堂。神堂上方像五色旗一樣綁著彩虹手帕，像吊燈一樣懸掛五條透明的人造陰莖。神堂後面背景掛有全像宇宙照片、青龍畫和閃著電的天空。神堂前方有兩個印上五萬韓幣的錢墊，中間擺著刻有聖經經文的桌子。

身爲喜愛大雜燴的炒碼麵巫女，這個神堂挺對我的胃口。坐在神堂裡，就像回到家一樣自在。我坐在神堂的錢墊上，三個小時裡看了四十五個靈魂的年齡。一一面對面，我見到靈魂與我同樣是十八歲的人，也見到靈魂年齡難測的古老靈魂。

人的臉住著靈魂。特別是面對面的行為，意味著彼此的靈魂交流。我在面對新的臉孔時，會陷入深沉冥想。只是面對面，感覺就像淨化了彼此的氣場。

面對某人時，我的眼淚流出來。雖然是初次見面的臉孔，但並不陌生。看著我眼睛的人也默默流下眼淚。我們一起用紙巾拭淚對笑。「為什麼流淚呢？」「是啊。看來是眼睛裡有靈魂才這樣。」有的人聽到靈魂年齡是五歲就哈哈大笑：「我也知道自己年齡小，但沒想到這麼小。」所以才常聽說我不懂事吧。不過，現在我得認可這樣的我、愛上這樣的我。」我回答：「是的，請按照本人的靈魂年齡好好去做。小孩子的靈魂並非就不成熟或不懂事，而是會按照自己的節奏，用好奇的眼光看世界，把人生當作遊樂場來生活。我支持這樣的人生旅程。」

在得知靈魂年齡之後，人們頓時明白自己並不奇怪，似乎也成為肯定真實自己的契機。

我的靈魂年齡是十八歲。如同「新娘十八歲」一語，什麼事都做，新的東西都喜歡，但沒什麼實質原因。我認為這樣的特性是屬於我的節奏，感覺沒必要鞭策自己。得知靈魂年齡之後，我變得更加自由。希望更多的人能夠面對自己的靈魂年齡，感受到自由。

遇見世界的巫女

天氣的巫女，露

我遇見露，是在七年前的印度。當時去位於印度達蘭薩拉山村達拉姆科特（Dharamkot）的一間沒有牆壁的咖啡廳。白天人們聚在此一起即興演奏。其中有一個引人注目的人，頂著長髮辮，手臂、腿和脖子上紋有幾何圖案刺青的露。露在擊鼓唱歌。我也坐在那裡，一起唱和。有人用湯匙敲桌唱歌。我在歌曲中加入旋律，作成和音。

演奏結束後，露和我第一次相互問候。「妳的刺青好酷。」露向我說道。我也對露說：「妳的刺青也非常酷。這刺青是什麼意思？」我們聊著彼此的刺青，逐漸變得親近。

從此之後，露和我成為經常一起在山村散步的朋友。露介紹自己是天氣巫女。「我是解讀天氣的薩滿。」我向露說道：「我是為人類與非人類動物祈禱的薩滿。」我們很高興多了薩滿朋友，於是說道：「要不要一起去祈禱？」露說。「好。」我跟著露走進山谷。

跟著露往樹叢裡走了一段時間，來到天空開闊敞亮的巨石上。巨石可以讓十個人爬上去，是坐落在山村半山腰，周圍青草漫漫的寶地。坐在那裡，離天空很近，看不見地面，有種暈眩感，彷彿一伸手就摸得到雲。

露說：「我在這裡出生長大。雖然我是尼泊爾人，但印度達蘭薩拉是我成長的故鄉。」露的父母是尼泊爾人，但在印度定居生活。露從小看著印度達蘭薩拉山村的天氣長大。

「我會解讀天氣。今天就要下雨。雲朵看起來像這樣，對吧？」露說似乎快而且，聞空氣的味道，我就能夠知道是不是要下雨。」

下雨了，真的馬上就下雨。露和我淋著毛毛細雨，靜靜仰望天空。

「別擔心。這雨很快就過。」如同露所說的，雨馬上停止。「現在輪到彩虹出現了。」露一臉興奮，仰望著天空說道。就像露所說的，天空上畫了一道很長、很清晰的彩虹。

我問：「妳認為彩虹盡頭真的有魔法世界嗎？」露展開雙臂回答：「這裡已經是魔法世界！」我微笑著說：「對，妳真是一個很棒的薩滿。」與露在一起，感覺時間靜止。我問：「那朵雲像什麼形狀？」「想哭的模樣。現在要打雷了。」露一這樣說，對面山頂上就有一道三叉戟形狀的閃電。

回到韓國後，我也仰望天空，想著露。露是看著天空的模樣，不，只是聞到空氣的味道就能預測天氣的薩滿。露說，魔法世界不在彩虹的盡頭，任何時候都在當下這個位置。今天，露仰望的印度天空是怎麼樣的呢？

211

尼泊爾巫女，庫瑪麗

三年前，接受降神儀式後，為了見尼泊爾的巫女，我前往尼泊爾加德滿都。雖然不知道該去哪裡，漫無計畫就先去了加德滿都。

在滿月升起的夜晚，為了尋找下榻處，我四處徘徊，好不容易發現一間小旅館，就在此歇腳。那裡，偶然遇見來自墨西哥的伊凡。伊凡表示幸會，說自己是用音樂修行的人。我也自我介紹：「我是來自韓國的薩滿，想與尼泊爾的薩滿見面，所以來到這裡。」伊凡說，自稱「薩滿」的我很酷，邀請我第二天一起去慶典。

第二天，伊凡一臉興奮地對我說：「今天將在加德滿都廣場舉行因陀羅（Indra）慶典。聽說庫瑪麗（尼泊爾巫女）會來因陀羅慶典，所以會有非常多人聚集。承喜一來就能遇見庫瑪麗耶！待會兒晚上見。」

到了晚上，伊凡和我一起去加德滿都廣場。我穿上在印度買的藍紅相間大洋裝。這是跳舞時穿的服裝。慶典還沒開始，廣場上已經人山人海。廣場中間，一群人像四物農樂隊（사물놀이패）[23]般，一邊演奏類似鼓鑼的樂器，一邊行進。

我告訴伊凡在這裡玩一會兒再走。興沖沖的我脫下鞋子，赤腳配合樂器的節奏跳舞。我手舞足蹈，與周圍聚集的人群握手、跳舞。這是令人興奮的跳神法會。人們紛紛聚向跳舞的我和樂隊周圍。

就在此時，人們一齊吶喊：「庫瑪麗！庫瑪麗！」庫瑪麗出現了。乘坐在超過兩公尺多高的轎子上，庫瑪麗現身了。不知不覺間，廣場上的人群越來越多，變得密密麻麻，伊凡和我得努力拉住彼此。

雖然我們離得很遠，但轎子很大，一眼就能看到庫瑪麗。裝飾得輝煌燦爛的金色轎子上，坐著看似六歲的小女孩庫瑪麗。我想在近處

23 譯注：韓國農樂主要由小鑼、銅鑼、長鼓及圓鼓四種樂器所組成，因此稱為四物農樂。

213

看她。在喊著「庫瑪麗！庫瑪麗！」的人群之中，庫瑪麗沒有任何反應或興奮之情，完全面無表情地看著半空中。她是從小就意識到自己是神的人，看著她空洞又參透一切的表情，我頓時無語。

尼泊爾的巫女庫瑪麗是村子裡神賜的巫女。她們從小獨自在房間裡生活，接受人們的襄助進行學習，村裡遇到困難時站出來舉行跳神法會。庫瑪麗負有一生不婚，孤身生活的義務。光看她的表情，就像親身體驗庫瑪麗的人生一樣，讓人產生莫名的認同感與微妙心情。感覺像是她的人生故事，正如我經歷過的人生般，向我襲來。

高喊著庫瑪麗的廣場氣氛，就像見到偶像的群眾呼喊一樣熱烈。我試圖與伊凡一起走出廣場。就在那時候，擁擠排隊移動的人群中，有人摸了我一下。我抓住好像是摸我的人的衣領喊道：「警

214

察！警察！」但，沒有人聽見我說的話，在人潮推擠下，我與伊凡越走離廣場越遠。突如其來的性騷擾，令我怒火中燒。

圍繞庫瑪麗的所有場面，看起來像色情片一樣。帶著那個小女孩，現在在幹什麼？庫瑪麗的人生究竟如何？庫瑪麗真的幸福嗎？我百感交集。前方庫瑪麗的背影逐漸消失，無論人潮洶湧或推擠倒地，她都不為所動。

看著庫瑪麗超然的背影，我一拖一拖地走著。我心想，庫瑪麗是否也想去旅行，庫瑪麗的人生是否有自由。但，我是異鄉人，不能隨意判斷他們的文化。我還是想問，她的生活是否安好。不過，想到她悠悠望著半空中的眼神，感覺她比我想像的更堅強。

祕魯巫師，米迦勒

那是一年前，我去祕魯時。為了見祕魯的薩滿，我前往亞馬遜伊基托斯（Iquitos）。雖然其他地區也有薩滿，但有的薩滿使用黑魔法（使用詛咒某人的咒術，或者為了個人權力而利用咒術），所以我聽取建議，前往好薩滿眾多的伊基托斯。

入住伊基托斯時，聽說宿所職員的爺爺正好是一名薩滿。在伊基托斯，聽說隔壁家住了薩滿，該人的奶奶或爺爺也是薩滿。這裡的薩滿多不勝數。既然有機緣認識宿所職員，我決定與他的爺爺見面。與薩滿初次見面的日子，我披著藍綠色披肩，等候薩滿爺爺。很期待薩滿會以什麼的模樣出現。祕魯的薩滿是什麼樣子呢？

那時，在宿所前方，身穿亮粉色 T 恤的爺爺，從自己騎來的黑色摩托車下來。看到穿著亮粉色無袖 T 恤出現的薩滿，我驚訝

216

地合不攏嘴。這位薩滿給人圓滾滾的印象，他笑容滿面地向我打

招呼：「Hola（妳好）！很高興見到妳！」「我是承喜。」我也打

招呼，報上自己的名字。薩滿的下一句話很有意思。「我是米迦勒

（Miguel）。」薩滿的名字竟然是米迦勒（基督教中大天使的名字），

又一個反差。

薩滿一派輕鬆自在的模樣。米迦勒爽快笑著，不停搔著手肘，

開始訴說自己的故事：「我十六歲時，生了一場大病。當時，我在

空無一人的叢林裡，獨自待了六個月，我與蜘蛛對話，與猴子做朋

友。當時，我吃了各式各樣的草藥，自己把病治好。後來我走出叢

林，成為幫助治癒人們的薩滿。從那時起，五十年來我一直這樣工

作。」

我問米迦勒的出生年月日，攤開四柱八字。我感受到木多者特

有的生意盎然。一九五四年甲午年生，與我同樣屬馬。我高興地告

訴他我們同生肖。我們決定幾天後一起舉行儀式慶祝，一邊食用薩滿準備的草藥，一邊低語聊天和跳舞的儀式。真好奇祕魯的薩滿儀式是什麼樣？

米迦勒寫給我儀式前禁止事項的清單：不抽菸、不喝酒、不做愛、不吃肉。他說，務必遵守這四點，才能進行儀式。他特別強調，別做其他危害生命的行為、別吃豬肉。他說，豬與人的靈魂構造類似，吃豬肉可能變成吃下靈魂之憾恨。我很高興聽到這樣的說明，因為純素主義正是我的理念。

來到約定的儀式日。我抵達米迦勒爺爺夫婦居住的鄉間小村的神堂。我很好奇祕魯薩滿的神堂是什麼樣子。進入神堂後，首先映入眼簾的是十字架和耶穌的雕像。再一個反差。我問道：「你是薩滿，你信耶穌嗎？」米迦勒視為理所當然般地回答：「我每天都為

218

萬物祈禱，當然十字架也不例外。」對於米迦勒來說，十字架是合一的象徵。聽著米迦勒說明萬物的神性是由此而生，我點了點頭：

「沒錯，在韓國舉行巫女降神儀式時，我也看到十字架。十字架似乎自古以來是愛的象徵。」

我問米迦勒：「那麼祕魯的薩滿侍奉什麼樣的神？」米迦勒答道：「每個薩滿都不一樣。我愛所有宗教的神祇。祂們都在訴說愛。」我激動地點了點頭。因為這正是我來到祕魯所想確認的。雖然人種、年齡、文化各不相同，但各國的巫人都會有共有的東西，歸根究柢，那就是愛。

在米迦勒的神堂一角，瓶子裡裝著各種藥草。收集野生樹幹萃取液的瓶子、收集對肝臟有益之藥草的瓶子、放入乾黃花菸草的瓶子等映入眼簾。儀式在即，我們圍坐聊天。在三坪不到的小房間裡，關上燈，儀式開始。米迦勒開始唱歌。嘀哩嘀嘀嘀哩嘀，嘀

哩嘀嘀嘀嘀哩嘀……這好像是小時候奶奶唱給我聽的，熟悉而單純的旋律。米迦勒一面揮舞收集大量落葉做成的扇子，一面跟著節奏演奏。落葉的聲音，聽起來像是死者的腳步聲。我接過米迦勒給的草藥喝下去。

喝下極苦的草藥，過了一會兒，黑蛇出現在眼前。猶如死亡的時刻。我嘔吐，嗚嗚哭泣，再度面對眼前出現的形象。我看到十字架。媽媽、姊姊和家人依次出現。我還看到大象和帕查瑪瑪的形象。帕查瑪瑪如同韓國的麻姑奶奶一樣，是祕魯薩滿人供奉的古老創造神。我還看到巨大的生命之樹。「你是樹，生命之樹。」有人對我低語，接著問道：「但，妳真的不怕死？」我在漆黑的死亡面前，頭暈目眩。我的身體正在向前傾斜。

距離失去意識，僅一步之遙，米迦勒在旁唱歌唱得更大聲。薩

220

滿的歌聲讓我重回此地。米迦勒像老朋友一樣，在死亡旁側親切地守護我。我們像是在陰陽邊界走鋼索的人，一邊搖擺一邊唱歌跳舞。一起唱著帕查瑪瑪之歌，我們的儀式結束。

結束後，我問米迦勒：「你認為薩滿是什麼？」米迦勒回答：「薩滿是救助一切的人，可以用藥草治癒人們、療癒心病的人。」我說，韓國也有這樣的薩滿文化。

回到韓國後，我依然會想起遇見的外國薩滿。他們都以屬於自己的方式，穿著自己固有的衣裳，解讀天氣，遊行街頭，用草藥治療人們。在各自的世界打造獨有的療癒世界。當我想念那個世界時，我會回顧周圍的薩滿痕跡。像解讀天氣的露一樣望著天空，像庫瑪麗一樣望著空蕩蕩的半空中。想著米迦勒的亮粉色 T 恤，今天我也穿牛仔褲代替韓服。

後記——
巫女守護自己的方法

凌晨四點，每天同一時間睜開眼睛。春天還沒到來，屋內一片漆黑。

我用手機寫著夢境日記。在記憶消失之前，寫下在夢裡遇見的人事物、故事和感覺。記下夢境之後，放下手機，伸了伸懶腰。

經一夜洗滌的內心，空寂靜謐。這是我一天中最喜歡的時刻。起身整理一下躺過的位置。用滾刷拂去整夜落在棉被上的灰塵，上頭再噴一些

Febreze 芳香劑。出來客廳,我將放在東側的狗狗淨化水碗換清水。進行完更換玉水碗內淨化水的儀式後,焚香坐在書桌前。當香氣瀰漫整間屋子,這時我以文字吐出腦中浮起的各種想法。這是淨化內心的作業。完成這個儀式後,可以維持沉靜的心。

早上七點,我用音樂填滿空間。進入我的 Sound Cloud 帳號(soundcloud.com/kaliart),打開「每日梵咒」播放清單。依次播放巫教(巫俗信仰)、印度教、佛教、外星人梵咒。現在是與愛犬咖哩一起出去散步的時間。但天氣還很冷,為了暖身,決定先用吸塵器打掃。配合流淌的音樂節奏,我蹲低姿勢,清掃坐落地板的灰塵和頭髮。打掃客廳和房間的話,身體就會變得暖和。

身體暖和了,準備出去散步。與咖哩一起走在有蘆葦田和小溪的散步路上。白鷺與鴨子坐在小溪裡,鴿子、喜鵲、烏鴉、麻雀紛紛飛越樹枝。

今天遇到村子裡常碰面的老奶奶和她的愛犬星仔。老奶奶與星仔坐在陽光照射的長椅上。原本在丟麵包屑給鴿子的老奶奶，高興地迎接我。我和咖哩一起坐在奶奶和星仔旁邊，觀看撿麵包屑吃的鳥兒們。

與星仔和奶奶說下次再見後，我們回到家。現在是正式工作的時間。

桌子右側有五色鈴鐺、來自印度的頌缽、來自哥斯達黎加的十顆磁火山岩、來自沙漠的石頭。這些都是擺在我小小神堂裡的神物。上午，我會占卜或寫作。今天有約好的諮商。根據每天的天氣，來訪客人的氣場也各不相同。

與客人的諮商結束後，我以長敲的方式演奏頌缽。這是盼望客人的願望與我的祈禱能夠實現的儀式。工作五十分鐘，接下來休息十分鐘。休息時間主要是與人溝通。回覆 YouTube 留言、寫祈禱文、回覆 Instagram 留言，或者回答 Kakao Talk 訪客的諮詢提問。結束後，躺在白雲般的棉被上，我暫時闔眼。

224

午餐時間從十二點到一點。這時完全自由。準備想吃的飯菜來吃，或者叫外送來吃。今天想看大海，又想聞大地香氣，今日菜單是涼拌青海苔和炒香菇。我把朋友贈送的香菇加蠔油、鹽、搗碎的大蒜一起炒，作成香菇小菜。我吃了有大地香氣的香菇小菜和糙米飯，還有海味的涼拌青海苔。我與像我一樣工時自由的家人們一起用餐。飯後睡一會兒午覺。白天做的夢比夜裡的夢更直白，更容易解讀我的無意識故事。

下午，我會編輯 YouTube 頻道的一周運勢影片、撰寫《神明在看著呢》的草稿，或者畫護身符。晚上七點，與家人一起吃晚餐，用熱水沖澡。沖澡時，一天下來緊繃的肌肉得以放鬆。現在輪到吃躁鬱症藥的時候。換睡衣前，先吞下一顆藥。穿著柔軟睡衣，再度寫作。寫結束一天的祈禱文，或者寫給周圍的人的致謝函。巫女朋友贈送的黃色蠟燭，我架在小小神堂點燃。今天要以祈願的心情來寫這篇文章，結束一天。

我住的村子名爲蛋夫里（달걀부리）[24]。據說，這個村子長得像雞蛋的樣子，過去曾有養雞場，所以取名爲蛋夫里。這是一個依山傍水的小村莊。我想在這個空氣清新的地方，慢慢變老，成爲給流浪貓盛滿飯碗的老奶奶。我愛麵包勝於米糕，有朝一日，我想學習烘焙技術，打造出飄著烤麵包香的神堂。我想在這個豐足美好的村子裡，成爲一名屬害的巫女奶奶，守護著神堂訪客一進來，就感到舒心安適的空間。寫這篇文章時，蠟燭芯開了花。看來我的願望會實現。

讀著故事安全局（SSA）秘密特務計劃成員們寄來的信，我嗚嗚哭了起來，好久沒這樣了。我得到繼續像現在一樣活下去的勇氣。若不是曉姊的勸說，本書不會開始。有熱情洋溢的恩靜編輯和故事讀者小組的感受回饋，我才得以完成這樣一本書。寫故事期間，守護在我身旁的蛋夫里家人宇宙和塵，我愛你們，謝謝你們。

24 編注：除了作者說的原因之外，另有兩種關於蛋夫里命名的故事。一是村莊受群山環抱，有如金雞抱卵，取名爲「달걀모양」，後因爲韓國推行國語純化運動，所以用「달걀부리」命名；二是從古韓文來看，「달걀」跟「부리（夫里）」都有廣大、寬廣之意，意即有著廣大原野的村莊。總的來說，這裡就是一個依山傍水的好地方。

國家圖書館出版品預行編目 (CIP) 資料

神明在看著呢 : 我的巫女日記 / 洪承喜著 ; 賴姵瑜
譯 . -- 初版 . -- 臺北市 : 大塊文化出版股份有限公司 , 2023.02
228 面 ; 14.8×20 公分 . -- (mark ; 180)
譯自 : 신령님이 보고 계셔 : 홍칼리 무당 일기
ISBN 978-626-7206-67-6(平裝)

1.CST: 薩滿教   2.CST: 韓國
276.4   111021439

僅以此符文祈祝復原和治癒。

不僅僅意指身體健康，也包括從心靈創傷復原、擺脫過去等綜合意涵。